종교10강

종교에 대해 많이 묻는 질문들

종교10강
종교에 대해 많이 묻는 질문들

2020년 9월 10일 초판 1쇄 인쇄
2020년 9월 17일 초판 1쇄 발행

지은이 | 길희성
펴낸이 | 김영호
펴낸곳 | 도서출판 동연
등   록 | 제1-1383호(1992. 6. 12)
주   소 | 서울시 마포구 월드컵로 163-3
전   화 | (02) 335-2630
팩   스 | (02) 335-2640
이메일 | yh4321@gmail.com

ISBN 978-89-6447-607-9 03200

이 도서의 국립중앙도서관 출판예정도서목록(CIP)은 서지정보유통지원시스템 홈페이지
(http://seoji.nl.go.kr)와 국가자료종합목록 구축시스템(http://kolis-net.nl.go.kr)에서
이용하실 수 있습니다. (CIP제어번호: CIP2020038784)

종교10강
종교에 대해 많이 묻는 질문들

길희성 지음

동연

퇴계 이황(李滉)의 저서로 『성학십도』라는 것이 있다. '책'이라기보다는 퇴계 선생께서 관직에서 최종적으로 은퇴하기 전에 선조 임금에게 바친 글이다. 열 폭의 병풍으로 만들어 보기 좋도록 조선조 500년 역사의 이념 역할을 한 성리학의 사상을 10편으로 나누어 퇴계 선생이 해설과 함께 손수 도표를 그렸다.

'성학'은 성인이 되기 위한 공부라는 뜻이다. 성리학의 요체가 담긴 글이다. 나는 '종교10강'을 계획하면서 퇴계 선생의 〈성학십도〉가 생각났다. 그래서 종교에 대해 사람들이 평소에 궁금해 하고 많이 묻는 문제들을 10개의 강의로 나누어 다루겠다는 결심을 하는 순간, 강의의 총 제목을 '종교10강'이라고 부르기로 했다.

영성은 〈종교10강〉 전체를 관통하는 정신이고, 퇴계 선생이 말하는 성학 역시 궁극 목적은 영적 존재인 인간이 자신의 영적 본성을 완전히 실현한 사람, 즉 성인이 되는 데 있다. 예컨대, 제6강의 제목, '유교도 종교인가'라는 물음은 이 점을 명시적으로 다루고 있다. 한국인들 절대다수가 매일 유교 전통의 영향 아래 살고 있으면서도 유교는 종교가 아니라는 잘못된 생각을 가지고 있다. 이러한 오해의 배경에는 무엇보다도 유교를 단지 도덕이나 정치사상 정도로 생각하면서 유교가 깊은 영성이 있다는 사실을 알지 못하거나 알아도 도외시하기 때문이다. 유교는 물론 불교나 기독교 같은 종교가 아니라는 말은 하나마나한 말이다. 하지만 유교, 특히 성리학에는 심오한 형이상학이 있고 영성이 있다는 사실을 우리는 반드시 알아야 한다. 앞으로 유교의 겉모습이 아무리 변한다 해도 유교 사상은 지속적으로 '현대적' 안목으로 재해석되면서 한국인 모두의 소중한 영적 자산으로 삼아야 한다고 나는 생각한다.

조선조 후기에 활약한 퇴계선생이 처했던 시대 상황과 현대 한국인이 처한 상황이나 문제의식은 물론 획기적으로 달라졌다. 하지만 한 가지 사실만은 변함없고 근본적으로 일치한다. 내가 아는 한, 유교를 포함하여 세계의 모든 종교가 추구하는 궁극목표는 우리의 이기적인 자아를 변화시켜 성인이 되게 하려는 성학에 있다는 사실이다. 공부 방법이나 사상, 역사적 환경 등의 차이에도 불구하고, 영성이 종교의 궁극 목적이고 정신이라는 사실은 변하지 않을 것이라는 신념으로 이 강의록을 작성했다. 강의의 총 제목을 퇴계선생의 〈성학십도〉를 흉내 내어 〈종교10강: 종교에 대해 많이 묻는 질문들〉라고 붙였지만, 천학비재의 필자가 감히 자신을 퇴계 선생의 고매한 인품과 심오한 사상에 비할 수 있겠는가? 다만 멀리서 존경하면서 좇고 싶다는 생각뿐이다.

이 책의 내용을 소개하는 차원에서 아래의 10개 강의 제목들에 대해 간략히 소개하는 것이 독자들이 이해에 도움이 될 것 같다.

종교10강: 종교에 대해 많이 묻는 질문들

제1강. 종교의 이해: 5차원의 세계

'종교란 무엇인가'라는 누구나 제기하는 질문을 에둘러 답하는 필자 자신의 전반적인 종교 이해를 소개하는 강의.

제2강. 종교 전통은 하나의 상징체계

경전의 문자적 이해를 고집하는 '근본주의' 신앙의 문제를 종교의 사물화, 우상화 등의 관점에서 비판적으로 다루면서, 종교의 상징적 이해의 중요성을 강조하는 강의.

제3강. 종교와 인간소외: 종교 비판의 두 종류

현대 종교들은 모두 세속주의자들의 날카로운 종교비판에 귀를 기울여야 한다는 생각에서, 종교 비판의 두 종류, 종교외적 종교비판과 종교내적 종교비판을 소개한다.

제4강. 신은 존재하는가?

종교의 가장 중심적 관심사인 신관의 문제를 폴 틸리히라는 그리스도교 신학자의 '궁극적 관심'이라는 개념을 중심으로 다룬다. 신 자체는 불변이라 해도, 신에 대한 인간의 이해는 시대와 더불어 달라질 수밖에 없다.

제5강. 과학은 신앙의 적인가? 창조와 신의 섭리에 대하여

종교와 과학의 문제를 다룬다면 사람들은 곧 갈릴레오 이야기를 연상하면서 과학은 신앙의 적이라고 생각한다. 하지만 현대과학도 변했고, 신학이나 신관도 많이 변하고 있다는 사실을 간과할 수 없다.

제6강. 종교다원주의의 이해

철학적 종교다원주의와 신학적 종교다원주의를 구별하면서 종교다원주의 사상을 소개한다. 지구촌 시대는 열린 종교들의 시대다. 종교다원적 신학과 이에 기초한 종교다원적 신앙과 영성의 가능성을 탐색한다.

제7강. 유교도 종교인가? '유교신앙'에 대하여

유교는 종교가 아니라 단지 도덕이나 정치사상 정도라고 보는 피상적 견해를 비판적으로 고찰한다. '유교신앙'이라는 생소한 신앙과 영성을 주로 성리학적 관점에서 고찰한다.

제8강. 자력과 타력

자신의 노력과 수행을 강조하는 불교와 유교 등 동양종교들과 유일신신앙의 종교들이 강조하는 신앙의 길이 그리 다르지 않다는 시각으로, 종교에 대한 새로운 이해를 도모한다. 불교에도 '복음주의' 신앙이 있다는 놀라운 사실도 소개한다.

제9강. 개인윤리와 사회윤리

개인윤리와 사회윤리의 차이에 대해서 다룬다. 종교는 전통적으

로 개인의 덕과 덕행을 강조해왔지만, 이제는 현대 시민사회의 윤리
가 중요하다는 인식이 필요하다. 특히 사회윤리와 개인윤리의 차이,
사회정의의 중요성을 다룬다.

제10강. 죽음은 모든 것의 종말인가? 사후세계의 문제

죽음 너머의 삶을 인정하는 사상은 그리스도교의 부활신앙과 불
교나 힌두교의 윤회사상 뿐이다. 이에 대한 정확한 이해가 필요하다.
죽음이 인생의 최종 운명이 아니라는 사후의 삶에 대한 믿음을 강조
한다.

| 차 례 |

제1강

종교의 이해

: 5차원의 세계

종교란 무엇인가 하는 물음은 흔히 제기
되는 문제지만, 종교의 보편적 본질을 정의(definition)하기는 쉽지 않
다. 내가 아는 한, 지금까지 모든 종교가 수용할 수 있는 만족할 만한
정의는 없다. 가령 어떤 사람이 "종교는 신에 대한 믿음이라"라고 간
단히 정의한다면, 곧 여러 가지 반론과 이견에 봉착한다. 신을 어떻
게 이해하는가에 따라, 신을 믿지 않는다, 또는 믿을 필요가 없다고
주장하는 종교도 있을 것이기 때문이다. 불교를 전문적으로 연구하
는 학자들 가운데는 불교는 무신론적 종교라고 너무 쉽게 이야기하
는 사람도 많다.

　여하튼 종교에 대한 공통적인 정의를 찾기는 어렵지만, 그럼에도
종교학자들은 대체로 한 가지 사실에 대해서는 견해가 일치한다. 곧
어느 종교든 성스러운(sacred) 것, 즉 거룩한(holy) 것과 속된 것(sacred and
profane)을 구별한다는 사실이다. 이러한 사실에 근거해서 종교란 성
스러운 실재 혹은 세계—영역, 대상—를 접하고 관계하고 경험하는
것이라고 말한다. 이러한 폭넓은 관점은 엄밀히 말해, 종교의 정의는
아니라 해도 종교의 세계를 말해 주는 가장 일반적이고 보편적인 시
각 가운데 하나이다.

이와 달리, 종교란 인생에서 도대체 무슨 기능(function), 무슨 역할을 수행하기에 종교 없는 문화나 사회가 없는지를 묻는 종교에 대한 정의 같은 것이 있다. 주로 종교사회학자들이 많이 이런 기능적 접근을 하는데, 우리는 이렇게 종교의 기능과 역할을 정의하는 것을 종교의 실체적 정의와 구별하여 종교의 '기능적 정의'라고 부를 수 있다. 내가 아는 한 이런 기능적 정의 가운데 가장 설득력 있는 것은 프롬(Erich Fromm)이라는 현대의 저명한 심리학자이며 사상가가 제시한 정의다. 그의 기능적 정의를 소개한 후, 좀 더 폭넓은 시각에서 5차원적 종교의 세계를 체계적으로 분석하는 나 자신의 견해를 소개하고자 한다.

프롬에 따르면, 종교는 인간이라는 존재가 보편적으로 지닌 특성에 기초하고 있다. 인간은 동물과 달리 몸만 있는 존재가 아니라 마음(영혼, 정신)이라는 이중구조를 지닌 존재라는 사실에 종교는 기반을 두고 있다고 한다. 인간은 여타 동물과 달리 자의식(self-consciousness)이라는 특성을 가진 존재다. 바로 이 점이 인간의 위대성이지만 동시에 취약성이기도 하다는 것이 프롬의 생각이다. 인간은 자신의 존재를 의식하고, 다가오는 위험이나 죽음을 미리 의식하는 존재다. 프롬은 종교의 역할을 이러한 인간존재의 구조가 지니고 있는 취약성을 보완하는 기제이기 때문에 인간이면 누구나 불가피하게 필요다고 본다. 프롬에 따르면, 종교가 인생에서 하는 역할은 삶에 '정향의 틀'(frame of orientation)을 제공하고 ―동물들에게는 필요 없다. 단지 본능적인 삶만으로 충분하기 때문이다― 어떤 '헌신의 대상'(an object of devotion)을 제공해 준다는 것이다.

이 같은 프롬이 제시한 종교의 기능적 정의가 지닌 본질적 결함은 그가 종교의 성스러운 차원, 즉 성스러운 실재나 경험을 명시적으로 언급하고 있지 않다는 점이다. '헌신의 대상'이라는 말이 이를 좀 암시하기는 하지만, 그는 몸과 마음을 넘어서는 영적 존재로서의 인간의 본성은 명시적으로 언급하고 있지 않다. 이에 대해서는 강의가 진행되면서 좀 더 논하게 될 것이기에, 지금은 이 정도에서 그치는 것이 좋겠다.

틸리히(Paul Tilich)라는 유명한 현대 신학자는 이 헌신의 대상을 '궁극적 관심'(ultimate concern)이라고 부른다. 정향성의 틀과 헌신의 대상은 막막한 세계에서 방황하기 쉬운 인간 존재의 취약성을 극복하기 위해 필수적인 기제다. 동물에게도 그런 것이 있는지 모르지만, 종교마다, 사회마다, 문화마다 그 궁극적 관심의 대상은 다르다. 개인적 삶이든 사회문화이든 종교는 인간의 제2의 본성과도 같이 필수적이다. 나는 개인적으로 종교의 기능에 대한 프롬의 설명에 동의한다. 하지만 나는 이와 더불어 우선 종교를 이해하고자 하는 사람은 종교의 세계에 대한 전반적인 이해가 선행해야 된다고 본다. 그래서 나는 이 첫 강의를 종교의 이해라는 제목 아래, 종교의 세계에 대한 5차원적 구조 분석을 통해서 종교가 어떤 세계인지에 대해 먼저 우리가 지닌 일반적 지식을 한 번 먼저 확인해 볼 필요가 있다고 본다.

종교의 세계를 구성하는 첫째 차원은, 우리 모두가 살고 있는 일상의 세계다. 종교들은 우리가 살고 있는 이 세계를 '속된'(profane, mundane) 세계, 무상하고 괴롭고 불완전한 세계로 간주하며, 종교가 지향하고 관여하는 성스러운(sacred, supramundane) 세계 혹은 영원하고 초월적인 실재와 구별한다. 그리고 종교는 우리를 이 성스럽고, 영원하고, 절대적인 세계 내지 실재를 접하도록 우리를 인도해주는 준다고 말한다. 모든 종교는 이러한 **성과 속의 대립적 구별**에 기초하고 있다.

종교의 세계를 구성하는 둘째 차원은 속된 세계에서 살고 있는 인간이 초월적 실재를 직접 접하는 종교적 경험(religious experience)이다. 즉 초월적 경험이다. 스미스(W. C. Smith)라는 캐나다의 종교학자는 이 차원을 '단순히 '신앙'(faith)이라는 말 하나로 지칭하지만, 나는 이 말이 주로 유일신신앙의 종교들에 편향된 말이라는 감이 없지 않기 때문에, 더 중립적이고 포괄적인 용어로서 '종교적 경험' 혹은 영적 경험이라는 말을 사용한다. 여하튼 종교는 인간의 깊은 내면에 자리하고 있는 신앙 혹은 어떤 초월적 경험 없이는 존재할 수 없다. 이러한 보이지 않는 영적 체험, 초월적 경험의 차원이 있고, 그런 영적 경험을 하도록 안내하지 못하는 종교는 존재 이유가 없고 죽은 물체나 다름없다.

하지만 이러한 종교적 경험은 일반인들에게는 종교적 전통의 매개를 통해서 주어진다. 종교적 전통이란 경전, 성직자, 교리, 신화, 절이나 교회당 같은 건축물, 성화나 각종 의례들 같은 종교의 가시적 현상들이다. 종교의 세 번째 차원이다. 종교의 가시적 차원이고 한 세대에서 다음 세대로 전수되기 때문에 스미스는 전통을 축적되어 가는 전통이라(cumulative tradition)고 부른다. 사람들은 흔히 '종교'라고 하면 이런 눈에 보이고 대대로 전수되는 종교 전통을 생각하지만, 이는 종교의 가장 중요한 내면적 차원인 신자들의 종교적 경험이나 신앙 같은 영적 차원을 간과하는 심각한 왜곡이다. 스미스는 이러한 현상을 종교의 사물화 혹은 물상화(reification)라고 부르면서 비판한다. 종교의 가시적 측면만을 보고 종교를 마치 어떤 객체 혹은 사물처럼 본다는 것이다. 인간의 보이지 않는 깊은 내면적이고 영적인 경험체험을 무시하고 종교를 어떤 고정된 사물처럼 본다는 것이다.

속된 세계에 살고 있는 우리 범인들의 경우, 종교적 경험은 난데없이 아무런 종교적 전통의 배경이나 지식이 없는 정신적 진공상태에서 갑자기 주어지는 법은 없다. 종교적 경험, 혹은 영적 체험은 그러한 체험을 하는 사람이 처한 종교적, 사회문화적 환경과 자연 환경에서도 영향을 받기 마련이다. 특히 자기들이 어려서부터 접하고 배운 종교 전통을 통해서 초월적 경험이 촉발되는 경우가 대부분이다. 영적 경험은 그야말로 하늘에서 갑자기 뚝 떨어지는 것이 아니라, 종교의 외양적 측면을 구성하는 다양한 현상들에 의해서 매개되고 촉발된다. 여하튼 이러한 종교의 가시적 전통이 종교의 세계를 구성하는 셋째 차원이다. 가령 눈에 보이는 교회나 사찰 같은 건물들, 조각이나 음악 등 각종 예술 작품들, 특별한 복장을 한 성직자들, 미사나 예배, 예불 등 각종 전례들, 이야기나 신화, 경전이나 교리, 신학 사상 같은 것이 모두 종교적 전통을 구성하는 외적 요소들이다. 사람들은 '종교' 하면 이러한 종교의 가시적인 외적 측면, 즉 축적되는 전통을 연상하기 쉽다. 하지만 이렇게 외적으로 드러난 종교의 다양한 가시적 요소들 자체는 결코 종교가 추구하는 성스러운 실재, 절대적 실재, 눈에 보이는 초월적 실재가 아닌 것은 말할 필요도 없고 인간 내면의 영적 경험도 아니다.

다시 한번 강조하지만, '축적되는 전통'은 종교의 가시적이고 외양적인 차원이다. 그 자체는 결코 초월적이고 성스럽고 절대적인 실재, 곧 신이나 기타 초월적이고 절대적인 실재 자체가 아니라는 말이다. 축적되는 전통은 또 보이지 않는 인간 내면의 종교적 경험이나 영적 체험도 아니다. 종교적 경험과도 마땅히 구별되어야 한다. 종교 전통을 구성하는 다양한 현상들은 모두 속된 세계의 일부이지만, 그래도 속된 세계의 여타 사물들과는 다르게 신앙인들을 성스로운 실재를 경험하도록 촉발하고 매개해주는 역할을 한다.

종교의 목적과 사명은 전통을 형성하는 다양한 가시적 요소들이 신자들의 마음속에 일으키는 신앙 혹은 영적 경험에 있다. 종교의 존재 이유는 외양적이고 가시적인 현상들, 즉 그 외양적 측면인 축적되는 전통 자체가 아니라, 어디까지나 영적 존재인 사람들로 하여금 성스러운 세계나 실재를 접하고 경험할 수 있도록 자극하고 유도해주는 매개 작용을, 곧 영적 경험이나 초월적 경험을 하도록 '촉매' 역할을 하는 데 있다. 만약 종교 전통을 구성하는 외양적 요소들이 이러한 기능을 더 이상 수행하지 못하게 되면, 다시 말해 더 이상 그 본래적인 역할을 감당 못하게 되면, 전통은 역사의 퇴적물이 되어 죽은 물체나 다름없이 한동안 존속하다가는 급기야 폐기되는 운명을 맞게 된다. 신자들의 외면을 받고 신앙생활에 도움을 주기는커녕 오히려 장애만 될 뿐이다. 최악의 경우는 전통이 숭배의 대상으로 둔갑해 버리는 경우도 있다. 신 대신 전통이 절대화되고 숭배의 대상이 되기도 하는 것이다. 그리고 사람들은 이것이 신앙생활이라고 착각한다. 전통이 중요한 것은 어디까지나 그 역할을 할 경우이다.

종교 전통은 속된 세계의 일부이며, 그 존재 이유는 어디까지나 사람들에게 보이지 않는 성스러운 실재를 매개해주고 인간 내면의 종교적 경험을 유발하는 역할을 수행하는 데 있다. 전통 자체는 어디까지나 속된 세계의 일부다. 하지만 전통을 구성하는 종교의 가시적 요소들도 어느 정도는 성스러운 것으로 간주되며, 속된 세계의 여타 사물들과 구별된다. 좀 더 정확하게 말하면, 축적되는 전통은 성과 속이라는 두 세계를 매개해주기 때문에 그 사이에 위치한다고도 할 수 있다. 루마니아의 저명한 종교학자 엘리아데(M. Eliade)는 이렇게 성도 아니고 속도 아닌 종교적 전통을 두고서 '성현의 변증법'(dialectic of hierophany)이라는 다소 어려운 개념을 사용했다. '성현'(hierophany)이라는 말은, 종교의 가시적 차원에 속하는 요소들이 모두 성스러운 실재(the sacred, das Heilige)가 밖으로 드러난 현현(顯現, manifestation) 내지 현상들이라는 말이다. 엘리아데에 의하면, 모든 종교현상은 어느 정도 성스러운 실재에 '참여'하거나 그 '현현'이다. 이러한 시각은 그의 보수적인 루마니아의 동방정교회 전통의 영향이라고 볼 수 있다. 그러나 우리가 종교 현상들을 이해하는 데 큰 도움이 된다. 겉으로 드러나는 종교 전통을 구성하는 현상들은 속된 세계의 여느 사물들과 구별되면서 그것들이 가리키는 성스러운 실재, 절대적 실재에 어느 정도 참여한다고 볼 수 있기 때문이다. 성현이라는 개념은 종교 전통을 구성하는 제반 현상들의 성격을 잘 말해주는 장점이 있다. 성현 자체가 절대적 실재는 아니지만, 그렇다고 속된 세계의 일반적 사물도 아닌 '모순적인' 혹은 '변증법적인' 성격을 지닌다. 성도 아니고 속도 아닌 종교의 가시적 현상들의 성격을 표현하는 엘리아데 특유의 전문 용어다.

'변증법'이라는 단어는 성현에는 성과 속이 모순되는 듯 보이지만 모순 없이 공존하는 모습을 가리키는 말이다. 개념상으로는 성과 속이 엄연히 모순이지만, 성이 속의 세계에 표출되는 성현은 성과 속이 모순과 대립을 넘어서는 '모순 아닌 모순'이라는 것이 성현의 변증법이라는 개념이 나타내고자 하는 진리다. 여하튼 바로 이런 이유로 사람들 가운데는 성현 자체를 절대화하고 숭배하는 일까지 생긴다. 신 대신 종교 지도자나 종교 제도 혹은 교리 등을 신성시하는 일을 우리는 심심치 않게 신자들에게서 본다. 좀 심하게 말하자면, 종교적 '우상숭배'라고도 말할 수 있다.

하지만 우리는 여전히 성스러운 실재, 즉 절대적이고 영원한 실재 자체와 성현들, 즉 신 자체와 신의 성현으로 간주되는 종교의 여러 현상들을 구별해야만 한다. 전통을 구성하는 성현들이 성스로운 실재를 가리키고 안내해주는 역할을 하지만, 다른 말로 '매개'(mediate)해 주는 상징(symbol)의 역할을 하는 것은 사실이지만, 종교적 전통을 구성하는 가시적 현상들은 여전히 속된 세계의 일부이다. 여느 사물들과는 달리 신자들에 의해 어느 정도 성스럽게 여겨진다 해도, 성현의 현상들 자체가 성스러운 실재 자체는 아니다. 우리가 만약 종교의 외양적, 가시적 전통, 즉 성현의 현상들만 염두에 둔다면, 우리는 종교가 하나의 상징체계(symbolic system)라고도 할 수 있다. 이것이 내가 〈종교10강〉 두 번째 강의에서 다룰 문제다. 종교의 가시적 차원인 종교 전통은 물론 종교마다 차이가 있는 다양한 상징체계들이다.

오늘 강의의 주제로 다시 돌아가서, 종교적 경험에는 어떤 것이 있고, 그 성격은 어떠한지에 대해 좀 더 논할 필요가 있다. 종교적 경험, 초월적 경험, 성스러운 경험에 대한 가장 유명한, 종교학의 고전이 되다시피 한 오토(R.j. Otto)라는 독일의 유명한 종교학자이며 인도의 힌두교 학자 그리고 신학자의 묘사가 가장 유명하다. 그는 성스러움의 경험을 "두렵고 매혹적인 신비"(mysterium, tremendum et facinans)의 경험이라고 부른다(Das Heilige. 길희성 역, 『성스러움의 의미』 참조). 설명할 수 없는 성스러운 실재의 경험이지만 신앙인이 이 절대적 실재를 접할 경우 두렵고 매혹적인 신비를 체험하게 된다는 것이다. 오토에 따르면, 이 신비 체험은 우리가 속된 세계에서 경험하는 여느 경험들과는 '전혀 다른' 차원의 경험이라는 점을 매우 설득력 있게 강조한다.

하지만 오토가 묘사하는 경험은 주로 피조물의 세계와 창조주 하느님을 날카롭게 구별함으로써 신의 초월적 타자성을 강조하는 그리스도교를 비롯한 유일신신앙의 종교들에서 말하는 인격신의 경험에 편향된 이론이라는 비판이 있다. 신의 세계 내재성을 강조하는 동양종교들의 영적 체험에는 적합하지 않다는 비판이다. 그럼에도 우리는 세계의 어느 종교든지 성과 속을 구별하지 않는 종교는 없다는 사실을 감안할 때, 성스러움의 경험이 종교 특유의 경험임은 부정하기 어렵다. 오토의 분석이 전혀 보편성이 결여된 견해라고 보기는 어렵다는 말이다.

종교의 넷째 차원은 당연히 인간의 영적 경험을 자극하고 촉발하는 원천, 즉 신앙의 대상 자체다. 절대적이고 영원한 실재 자체이지만, 세속주의자들의 눈에는 존재하지 않는 허구로 보인다. 이 절대적 실재 역시 종교적 경험과 마찬가지로 종교의 불가시적 차원에 속한다. 영적 경험과 절대적 실재 자체도 마땅히 구별되어야 하지만, 종교를 연구하고 공부하는 사람들 가운데는 "종교는 여럿이지만 신비주의는 하나다"라고 주장할 정도로 신비적 경험이 모두 동일하다고 주장하는 사람도 있다. 신 또는 절대적 실재가 인간의 영혼과 자연에 내재한다는 신의 내재성을 강조하는 동양종교들에서는 신과 인간, 신과 자연의 완벽한 일치를 강조하는 경향이 강하다. 그리고 말로 할 수 없는 이 하나 됨의 신비적 경험을 강조하다 보니, 종교는 여럿이지만 신비경험은 하나라는 주장도 하는 사람이 있는 것이다.

하지만 나는 개인적으로 그런 견해에 동의하지 않는다. 왜냐하면 아무리 신비적 경험이라 해도 결코 하늘에서 뚝 떨어지는 법은 없고 언제나 신비경험을 하는 사람들이 처한 특정한 역사적, 문화적 맥락, 특히 특정한 종교적 전통의 영향 아래서 주어지기 때문이다. 제아무리 뛰어난 영성가라 해도 한 특정한 역사적, 문화적, 종교적 전통이나 배경을 완전히 초월할 수는 없다고 나는 생각한다. 그야말로 신 자신을 절대적으로 '순수하게' 경험하는 일은 인간으로서는 가능하지 않고 존재할 수도 없다고 나는 본다. 아무리 순수하고 초월적인 경험이라 해도, 특정 문화와 종교적 배경 없이 그야말로 종교적 공백 상태에서 하늘에서 뚝 떨어지다시피 하는 경험은 없다. 아무리 신비주의 영성가들이 강조하는 신과 인간의 완벽한 신비적 합일(unio mystica)의 경험이라 해도, 그런 경험을 하는 신비주의자들은 어디까지나 인간이기에, 그들이 처한 사회문화적 환경, 특히 특정 종교의 가르침이나 언어는 물론이고 심지어 자연환경의 영향이라도 받기 때문이다.

특히 신비주의자들이 자신들의 초월적 경험을 표현하기 위해 사용하는 언어나 개념들의 경우는 두말할 필요도 없다. 인간의 언어와 사고는 당연히 특정 사회와 문화, 종교와 전통의 영향을 피할 수 없기 때문이다. 우리는 이보다 한 걸음 더 나아가서, 제아무리 순수한 영적 경험이라 해도, 영성가들이 어려서부터 받은 교육과 전통, 그들이 처한 사회문화적 환경이나 역사적 조건을 완전히 벗어난 순수경험이란 어떤 인간에게도 불가능하다고 본다. 우리는 이 문제는 나중에 힉(John Hick)이라는 영국 종교철학자의 철학적 종교다원주의론을 소개할 때 다시 한번 거론할 기회가 있을 것이기에, 지금은 이 정도 선에서 논의를 그친다. 결론적으로, 인간의 경험을 초월하는 실재 자체, 신 자체는 절대적이지만, 인간의 신(넓은 의미의) 체험은 아무리 초월적이고 순수하다 해도 상대적일 수밖에 없다. 따라서 이 둘, 신과 신 경험은 마땅히 구별되어야만 한다.

인간에게 영적 경험이 가능한 근거는 인간에게 어떤 감추어진 형이상학적 실재, 초월적 세계·실재(Reality)를 감지하는 특별한 영적 능력 혹은 감각(sense)이 있기 때문이라고 영성가들은 말한다. 어떤 신적 본성이 인간에 내재하기 때문이라고 영성가들은 이구동성으로 지적한다. 종교 치고 이러한 보이지 않고 말로 할 수 없는 절대적 실재 내지 세계를 말하지 않는 종교는 없고, 인간의 영성을 자극하고 그 대상이 되는 실재, 인간에게 한없는 자유를 선사하고 시간과 죽음의 공포로부터 해방시키는 무한하고 영원한 실재를 말하지 않는 종교는 없다. 유일신신앙의 종교들이 믿는 신(God), 플로티누스(Plotinus)의 신플라톤주의 철학이 말하는 만물의 모태 혹은 근원과도 같은 일자(一者)는 그런 절대적 실재를 가리키는 대표적 예들이다. 또 힌두교에서 말하는 핵심진리, 즉 우주만물의 정수이자 인간의 참 자아(Ātman)인 브라만(Brahman), 유교의 하늘(天) 또는 태극(太極), 도가의 도(道), 불교의 공(空, sunyatā) 혹은 불성(佛性)도 그런 개념들이다. 대승불교에서는 만물의 실상(諸法實相)과 만물의 궁극적인 형이상학적 실재(實在, ultimate reality)의 구별을 명확하게 말하지 않지만, 결국 불교도 영원불변한 절대적 실재, 특히 모든 사람이 불성을 지니고 있다(一切衆生 悉有佛性)는 진리를 말할 때, '불성'은 비단 인간만의 영적 본성이 아니라 산천초목이 모두 불성이 있다고 말할 정도로 우주만물의 기저가 되는 무한하고 절대적인 실재 혹은 실체인 셈이다. 힌두교의 브라만 개념과 큰 차이가 없다. 물론 불교학자들 가운데는 이러한 견해에 동의하지 않는 사람도 많다. 이런 점에서 그들은 불교가 무신론적인 종교라고 본다. 하지만 나는 이러한 견해에 동의하지 않는다.

여하튼 종교의 궁극적인 목적은 결국 무상하고 우연적 존재들인

개체적 자아, 즉 몸과 마음으로 구성된 개인(individual self, person)이 무한한 우주적 실재와 하나가 되려는 영적 갈망과 본능, 형이상학적 갈구·갈망에 있다. 그리고 영적 본성을 지닌 인간이 궁극적 실재와 완전히 하나가 되는 신인합일(神人合一), 신비적 일치(unio mystica), 또는 천인합일(天人合一)의 경지를 실현하는 데 있다는 것은 종교를 공부하는 사람 누구도 부정할 수 없다.

마지막으로 종교의 또 하나의 차원, 마지막 다섯째 차원이 있다. 흔히 간과하기 쉬운 차원이기에 다소 많은 공간을 할애해서 논할 필요가 있다. 우선 지적, 종교적 경험이나 신비적 합일의 체험은 그 자체가 목적이 아니라는 사실이다. 종교의 넷째 차원인 성스러운 실재 혹은 초월적이고 절대적인 실재를 만난 사람은 다시 속세로 되돌아와서 일상적 삶을 사는 경지가 종교의 최종 목표라고 말한다. 초월적 경험에 머무는 것은 아직 종교의 최고 경지는 아니라고 말한다. 따라서 나는 영성가들이 말하는 이 차원을 종교의 또 하나의 차원으로 간주한다.

불교에서는 이런 차원을 세간은 물론이고 열반에도 머물지 않는 무주열반(無住涅槃)이라고 부른다. 선가에 심우도(尋牛圖, 혹은 十牛圖)라는 간단한 해설이 달린 그림이 있는데, 구도자가 걷는 구도의 여정을 총 10개의 그림으로 보여주고 있다. 이 그림에서 우리의 특별한 주목을 끄는 그림은 열 번째 그림으로서, 선불교가 추구하는 최종 경지를 잘 보여준다. 선 수행자가 참 자기를 찾는 모든 과정을 마친 후 시장바닥으로 되돌아와서 일상적 삶을 사는 경지(入廛垂手)를 선불교의 최종 경지로 그리고 있는 그림이다. 일단 과감하게 세속의 연줄을 끊어버리고 떠났던 세계로 수도자가 다시 돌아와서 일상적 삶을 사는 경지다. 성속이 하나가 되는 경지, 진속불이의 경지다. 수도자가 경험하는 일상적 삶은 물론이고, 초월적 실재를 접하기 이전의 삶과는 질적으로 차이가 있다. 『반야심경』의 유명한 표현을 빌려 말한다면, 일단 색이 곧 공임(色卽是空)을 아는 진리를 통과한 사람만이 경험하는 경지, 곧 공이 색임을 아는 공즉시색(空卽是色)의 경지다. 색의 세계를 다시 긍정하고 품는 경지다. 그리스도교 식으로 말하면, 매 순간 하느님과 함께하는 삶, 하느님의 눈으로 만물을 보고 품는 삶이며, 매 순간을 '영원한 현재'(eternal now, nunc stans, 정지된 현재)로 경험하며 사는 삶이다. 속의 세계에 살지만, 세상에 속한 '속물'처럼 살지 않는 삶이다. 성속일체(聖俗一體)의 진리 혹은 진속불이(眞俗不二)의 경지를 터득한 사람의 일상적 삶이다. 현세에서 이미 천국의 영생을 누리며 사는 삶, 중생의 고통과 함께하지만, 다른 시각으로 세계를 보고 경험하는 영적 경지라고 말할 수 있을 것이다. 자기도 변화된 삶을 살지만 타자도, 사회도 변화시키는 사랑과 보살행의 삶이라고나 할까.

영성가들 가운데는 간혹 자신의 영적 경험에 너무 도취한 나머지 세속, 세간을 무시하거나 망각하는 도피주의적인 영성에 탐닉하는 사람도 있다. 하지만 진정한 영성가는 그렇지 않다. 무르익은 진정한 영성가는 성과 속의 대립을 넘어선다. 그들은 성스러운 실재나 세계를 일단 접하고 변화된 존재로서, 이전에 단호하게 절연하고 떠났던 속세로 되돌아온다. 세상·세간을 다른 눈으로 보고 경험한다. 때로는 의도적으로 때를 묻히고 속인처럼 일상적 삶을 산다. 중생의 고통을 함께 껴안고 산다. 세상·세간의 세계를 새로운 눈으로 보고 재발견하며, 이제야 제대로 사람다운 삶을 살 수 있다고 하면서 차원 높은 새로운 삶을 산다. 영적인 눈으로 사물을 보고 사람들을 대하는 진정으로 자유로운 세계가 열린다. 이러한 영적 경지가 영성가들이 추구하는 최고·최종의 경지다.

영성가들은 결코 세상을 미워하거나 도피하지 않는다. 염세주의자도 도피주의자도 아니다. 한적한 삶에 취해서 사람들을 피하지 않는다. 오는 사람 막지 않고 가는 사람 붙잡지 않는다는 말이 있다. 자신만의 행복을 즐기려 하지 않지만, 세상의 변혁에 앞장서도 마음을 상하는 일도 없다. 진정한 영성가들의 삶은 세상 '안'에 살지만 세상에 '속'하지는 않는("in the world, but not of the world") 삶이다. 종교의 궁극 목표는 영성이지만, 진정한 영성은 세상·세간으로부터 도피하지 않는다. 무르익은 영성, 성숙한 영성은 물론 더 이상 현실 세계, 속된 세계에 얽매이지 않고 초월의 자유를 누리지만, 그런 삶은 물론 자신이 먼저 변화되어야 가능하다. 그런 사람은 이전의 삶과 달리 사회와 세상을 변화시키려 하지만 사람들과 다투지 않고 조용히 무위(無爲)로 한다. 개인과 사회, 인간과 자연, 땅과 하늘, 인간과 신이 막힘없이 소통하고 하나가 되는 보편적 화해의 공동체를 조용하게 이룬다. 불교의 화엄철학에서는 이러한 만물의 보편적 사랑과 화해가 이루어지는 우주적 공동체를 이사무애(理事無礙), 사사무애(事事無礙)의 세계라고 한다. 그리스도교에서는 하느님의 뜻이 온전히 이루어지는 하느님의 나라(the Kingdom of God)다.

다시 한번 종교의 세계를 요약하면, 종교의 세계는 외적 표현(신현)인 가시적 차원과 영적 경험의 교호작용(interplay)으로 전개된다. 우선 신앙인들은 속세를 부정하고 떠나야 한다. 자기를 비우고 또 비우는 노력이 필요하다. 이런 부정 없이는 그 어떤 영성도 불가능하다. 영적 경험을 촉발하지 못하는 축적되는 전통은 죽은 전통이나 다름없다. 축적되는 전통을 종교의 전부로 보는 것은 종교의 사물화, 물상화(reification)를 초래한다. 종교가 사물처럼 여겨지고, 이 사물을 대하는 인간과 독립된 대상처럼, 무관하고 무의미하게 느껴진다.

종교적 경험이나 영적 통찰은 물론 의도하지 않게 갑작스럽게 주어지는 경우도 없지 않지만, 보통은 그렇지 않다. 전통과의 오랜 씨름, 정신적 고민과 방황, 번민과 고투 그리고 오랜 훈련과 수행 끝에 영적 경험이 주어지는 경우가 보통이다. 건물, 성직자, 경전 등을 접하고 배우면서 영적 경험이 주어지고 익어간다. 아무리 종교적 천재라 해도, 아무리 위대한 영성가라 해도, 특정 종교전통의 영향 아래 태어나서 성장한다. 전통을 잘 아는 뛰어난 스승(선지식)을 만나 배우고 수행하고 성장한다. 경전, 성직자, 이야기와 신화, 예술작품, 교리와 신학 등을 듣고 접하면서, 축적되는 전통의 영향 아래 영적으로 성장한다. 아무리 종교의 존재 이유가 영성에 있다 해도, 어느 영성가도 이러한 구체적인 전통에서 완전히 자유로운 사람은 없다. 그런 사람도 처음에는 전통을 존중하고 경외하지만, 마침내 그는 전통을 자유자재로 '타고 다니는'(임제 선사가 말하는 乘境) 경지에 이른다. 그야말로 전통을 가지고 노는 경지다. 그는 전통의 존재 이유가 그 자체에 있는 것이 아니라, 어디까지나 초월적 실재를 가리키는 상징체계임을 철저히 깨달은 사람이다. 전통을 존중하지만 결코 전통의 노예가 되지는 않는 사람이다. 이것이 다음 강의에서 다룰 주제다.

전통의 존재 이유는 어디까지나 사람들에게 초월적 실재를 매개해주는 데 있다는 사실을 알기 때문에, 영성가들이나 선사들은 때로는 반정통주의, 반교권주의의 기수가 되어 급진적 종교 사상과 행동을 보이기도 한다. 과감한 전통의 개혁가가 되기도 한다. 예수같이 거룩한 분노로 성전에서 채찍을 드는가 하면, 원효같이 파계를 감행하는 스님도 있다. 전통에 얽매는 전통의 노예, 종교의 종이 되지 않는다. 모든 전통을 거부하지만 동시에 모든 전통을 포용하고 자유롭게 사용한다. 죽은 전통의 수호자들을 사정없이 질타하고 전통의 맹목적 숭배자들을 호되게 꾸짖기도 한다. 돈벌이의 수단이 되어버리고 박물관의 유물로 되어버린 전통, 관광상품 정도로 전락해버린 전통, 더 이상 초월의 세계를 열어주지 못하고 인간 소외만 조장하는 전통을 영성가들은 가차 없이 비판하는가 하면, 강고한 교권주의에 맞서 위험한 행동도 마다하지 않고 감행한다.

초월적 실재를 접하는 종교적 경험, 영적 체험은 무척 다양하다. 갑자기 속된 세상이 싫어지고 세상에서 출세하는 것이 무의미하게 보인다. 전혀 다른 가치를 추구하고 전혀 다른 차원의 삶을 살고 싶은 마음이 생겨서 출가를 감행하는가 하면, 하던 일을 당장 접고 성직자가 되려고 하는 사람도 있다. 그렇게 이전과는 전혀 다른 삶을 사는 사람을 우리는 거듭났다, 다시 태어난(born-again) 사람이라고 말한다. 삶의 완전한 전환을 이룬 회개(metanoia)한 사람이다. 예수가 활동을 시작할 때 던진 첫 말은, "회개하라, 하느님의 나라가 가까이 왔다"라는 메시지였다. 이러한 삶의 변화를 초래하는 종교적, 영적 경험은 느닷없이 찾아와서 한 사람의 삶을 뒤흔들어 놓는가 하면, 신비 체험, 기적 체험을 했다는 생각으로 '정신착란'에 근접하는 경우도 있다. 영적 체험은 근본적으로 신과 가까워지고 끝내 하나가 되는 신비적 합일(unio mystica)의 체험에서 극치를 이루지만, 영성의 대가들은 세속의 번거로움을 꺼리거나 피하려 하지 않는다. 환희나 황홀경(ecstasy)을 경험하기도 하고 감탄과 놀라움을 자아내는 경험도 하지만, 결코 그것을 자랑하거나 내세우지 않는다. 번잡한 말을 장황하게 늘어놓지 않고 간단명료한 말로 다른 사람들을 깨우친다. '매혹적이고 두려운 신비'를 경험하는가 하면, 자기 자신의 언어로 신자들에게 영감이나 감동을 주기도 한다. 깊은 영적 통찰이나 짤막한 언구로 그들의 아픔을 달래주기도 하고 의심을 시원하게 풀어주기도 한다.

영성가들은 결정적인 깨달음의 체험, 뼈아픈 회개나 뉘우침, 개종 등 다양한 형태의 종교적 경험을 한다. 영적 경험은 비록 말로 할 수 없는(不可言的) 경험임을 강조하지만, 영성의 대가들도 언어적 표현은 피할 수 없고 굳이 피하려 하지도 않는다. 기도나 명상, 신화나 재미있는 이야기로 사람들의 마음을 사로잡기도 하고, 간단명료한 설교나 설법, 교리나 신학의 복잡한 언어나 번잡한 이론들을 쉬운 말로 풀어주기도 한다. 단순한 진리를 깊게 해석하고 심오한 통찰력으로

꿰뚫어 보면서 사람들에게 감명과 감동을 준다.

이러한 영적 지도자들의 언어적 표현은 공동체의 지도자나 구성원들에 의해 더욱 세련되게 다듬어지고 발전하다가, 시대가 바뀌고 환경이 바뀜에 따라 잊히기도 하고 폐기되는 경우도 있지만, 그 가운데 어떤 것은 고전으로 인정받아 시대를 초월하는 교리로 제정되거나 권위 있는 문서가 되어 사람들의 지속적인 사랑을 받는다.

종교적 경험의 언어적 표현들은 대체로 처음에는 공동체 안에서 한동안 구전으로 전수되다가 공동체의 일치와 결속을 다지는 토대가 되는 경전(Bible, scripture)이나 교리를 형성하고 문서로 편찬된다. 일단 경전으로 인정되면, 다양한 해석을 낳고 주석서가 생기는가 하면, 때로는 주석의 주석을 낳기도 한다. 경전의 의미는 자연히 해석의 차이를 낳고 정통과 이단의 시비 내지 다툼으로 이어지기도 한다. 갈등이 심화되면 교파와 분파로 공동체가 갈라지는 경우도 있고, 교단의 분열을 초래하기도 한다. 경전은 정통교리(orthodox doctrine)로 정리되기도 하고, 때로는 정통의 수호라는 명분으로 신자들의 자유로운 사상을 탄압하는 도구가 되기도 한다. 정통교리의 수호라는 명분으로 인간의 자유로운 사고나 비판을 억압하고, 교리와 교권을 수호하기 위해서 종교들은 때로는 정치권력과 결탁해서 심지어 폭력을 행사하는 경우도 있다.

경전을 대하는 신앙인들의 태도에 따라 문자주의 신앙에 사로잡히는 이른바 '근본주의'(fundamentalism) 신앙이 생겨, 종교 내외로 세력을 형성하기도 한다. 현대인들은 오히려 지나친 자유가 부담이 되고 문자적 언어에 길들어져서, 과학의 영향 때문에 문자적 진리, 사실적 (factual) 진리만을 진리로 여기기 쉽다. 따라서 옛날 사람들보다 종교적 상상력이나 예술적 감각이 떨어지는 경우가 많다. 기독교의 경우, 문자주의 신앙을 고수하는 근본주의 신앙은 사실 그다지 오랜 현상이 아니라는 사실을 우리는 알 필요가 있다. 근본주의는 20세기 초 미국 동부에 있는 프린스턴 신학교의 일부 교수들을 중심으로 해서 퍼지기 시작한 운동이지만, 그 후 종파와 종교를 넘어 널리 퍼지면서 현재는 세계적인 현상이 되었다. 때로는 집단으로 세력화되면서 정치적 영향력을 행사하는 경우도 있다. 근본주의는 기본적으로 현대 세속화된 사회에서 일부 종교 지도자들이 종교의 교리나 사상을 지나치게 합리적으로, 자유롭게 해석하는 경향에 반발해서 생긴 운동이라는 사실을 우리는 알 필요가 있다. 근본주의는 고대나 중세 시대에는 없었던 현상이다. 결코 전통에 충실한, 전통을 지키려는 운동이 아니라, 문자적 진리와 사실적 진리(factual truth)만을 진리로 여기는 현대세계가 낳은 메마른 신앙이 오히려 문자주의 신앙이다. 문자주의를 고집하는 근본주의는 종교적 상상력이 전혀 없는 답답하고 폐쇄적인 사고의 산물이다. 현대 세계에서 이성적 사고나 비판적 사고 능력이 결여된 신앙인들의 단순한 사고와 무지의 소산이라고 비판받는다. 특히 한국 기독교 신자들에게 많이 발견되는 잘못된 현상이다. 구라파 선진사회들에서는 거의 보기 힘든 현상이지만, 미국 기독교나 그 강한 영향 아래 형성된 신앙, 한국 기독교계에서는 보이는 경직된 사고의 산물이라는 사실을 우리는 알아야 한다.

이상으로 종교에 대한 5차원적 분석을 마친다. 종교의 세계가 매우 복잡다단하지만, 모든 종교는 우선 속된 세계에서 출발한다. 어떤 보이지 않는 궁극적 실재 내지 성스러운 세계를 갈망하고 이 실재를 접하는 종교적 혹은 영적 경험이 있다. 그리고 이러한 종교경험을 촉발하고 매개해주는 축적되는 종교 전통이 있다. 이러한 종교적 경험은 다시 다양한 형태로 표현되고 전수되고 공유되고 축적되면서 종교적 전통의 일부가 되기도 하고 폐기되기도 한다. 종교의 가시적 차원이다. 종교전통은 그 원천이자 목적인 절대적 실재의 상징들로 구성되어 있고, 인간은 영적 경험을 통해 절대적 실재를 접함으로써 변화된 존재가 되어 세속의 일상적 삶으로 되돌아온다. 새로운 존재로 새로운 삶을 살고 사회와 세계를 조용히 변화시켜간다. 종교의 세계는 이러한 복합적 차원의 세계다. 복잡다단하게 보이는 종교의 세계에 대해 하나의 체계적 인식에 도움이 되었기를 바라면서 〈종교10강〉의 제1강을 마친다.

종교 전통은 하나의 상징체계

앞의 강의에서 분석한 대로, 종교의 현실
적 모습은 무척 다양하고 다채롭다. 우리는 종교가 무조건 좋은 것이
라고 생각하기 쉽지만, 그런 생각은 매우 위험한 일이다. 종교는 매
우 숭고한 인격을 만들어내기도 하지만, 때로는 상식을 외면하는 광
신도나 정신병자도 만들어내기 때문이다. 종교는 자칫하면 흉물이나
흉기가 되기도 하고, 심지어 중세 시대에는 사람을 화형에 처하는 매
우 잔인한 일도 서슴지 않고 자행하기도 했다.

　나는 1강에서 스미스가, 종교의 불가시적 차원, 성스럽고 절대적
인 실재를 접하는 인간의 경험을 도외시하고 오로지 종교의 외양적
모습과 현상들, 즉 '축적되는 전통'만 보고 그것을 종교라고 여기는
것을 '종교의 물상화' 혹은 사물화라고 부른다는 것을 상기시킨 바 있
다. 축적되는 전통이 인간에게 초월적 세계를 매개해주는 역할을 더
이상 수행하지 못하고 그 자체가 절대화되어 신자들의 신앙대상이
되어버리면, 종교는 본연의 영적 기능을 수행하지 못하고 오히려 신
자들의 신앙생활에 방해만 되는 경우가 허다하다. 신자들을 종교의
노예로 만들고 신자들은 그런 것을 '신앙'으로 착각하기도 한다. 사실
나는 이것이 우리나라 종교계, 특히 개신교 교회들의 일반적인 현실

이라고 본다. 하느님을 만나는 것이 아니라 유명 인사를 만나고 성직자를 만난다. 신앙생활이 초월적 실재나 세계를 매개해주어 신자들에게 한없는 초월적 자유를 선사하기커녕 오히려 이런저런 규율로 자유를 구속하고 종교의 종으로 만드는 역리(逆理, 順理의 반대)가 발생한다. 경전이나 교리가 절대화되면서 문자적으로 이해되면, 신자들의 정상적인 사고를 마비시킨다. 이러한 현상의 배후에는 종교의 사물화(reification)가 있다. 이러한 종교의 사물화를 방지하는 길은 종교를 상징체계로 이해해야 하는데 있다는 것이 오늘 강의의 요점이다.

나는 오늘 이 점을 강조하기 위해서 종교의 '우상숭배', '인간소외'라는 표현을 사용하고자 한다. 종교의 물상화는 종교 우상숭배의 첫걸음이다. 한국 개신교 신자들 90 프로 이상이 성경문자주의와 근본주의 신앙에 갇혀 있다. 이 문제를 속 시원히 해결하면 자유롭고 광활한 영성의 세계가 열리지만, 거기에 갇혀서 신앙생활을 하는 사람은 평생 회의와 번민에 사로잡혀 고민하게 되고 그럴수록 인간의 자유로운 사고와 비판적 사고를 신앙의 이름으로 억누르게 된다. 자연히 이른바 '묻지마 신앙'이라는 것이 판을 치면서 진정한 신앙으로 간주된다. 그럴수록 생각하는 신자들의 설 자리는 없어진다.

종교의 사물화는 인간의 정상적이고 합리적인 사고를 저해함으로써 인간 소외를 초래하게 된다. 건전한 종교는 전통과 신앙의 역동적인 교호작용을 통해 신자들의 마음을 매료시킨다. 이것이 종교의 정상적인 기능이지만, 일반 신자들을 종교의 외양적이고 가시적 면만을 보면서 그것을 경외하고 그것을 종교라 여기고 의존하는 경향이 강하다. 합리적 비판의식을 상실하고 자연스러운 의심을 억누르는 '묻지마 신앙'을 강요하는 것이 오늘의 한국 개신교 신앙의 지배적 형태다. 신을 믿는 대신 전통을 성스럽게 여기고, 종교를 믿는 행위를 신앙으로 여기는 신자들로 한국 종교계는 차고 넘친다. '신앙 아닌 신앙' 생활을 하면서 평생을 경건한 신자라는 평을 듣고 살지만, 확신 없이 평생 의심만 하면서 삶을 마친다. 의심이 있지만 억지로 누르다 보니 누군가 조금이라도 자기 종교에 대해 비판적인 말을 하면 참지 못하고 화를 내거나 열심히 변호하려 드는 열성 신도가 허다하다. 나는 이런 신자들을 좋게는 전통주의자들, 나쁘게는 종교의 종살이를 하는 사람이라고 부른다. 신자들이 초월적 실재나 인간 내면의 영적 체험 같은 것은 도외시하고, 종교의 가시적 차원인 '축적되는 전통' 자체를 맹종, 맹신하는 현상을 스미스는 종교의 사물화·물상화라고 비판한 것이다. 우리나라 종교계에는 이런 답답하고 정상적인 대화조차 할 수 없는 신자들이 무척 많다.

현대인들은 탈종교 시대를 살고 있다. 현대인들은 더 이상 제도화된 종교, 전통의 이름에 의지하고 전통을 팔아야만 하는 종교, 문화상품이나 관광상품 정도가 되어버린 종교에는 관심이 없다. 교리나 성직자 중심의 종교, 한 사회의 도덕적 질서의 기반이기 때문에 존중해야 한다는 제도 종교, 문화적 종교, 사회의 도덕적 질서의 보루이기 때문에 보호하고 장려해야 한다는 사회적 종교에는 더 이상 관심이 없다. 현대인들은 그러한 종교 없이도 얼마든지 자유롭고 행복한 삶을 살 수 있다고 생각한다. 이런 점에서 우리는 제도화된 종교는 현대 세계에서 죽었다, 종말을 고했다고 할 수 있다. 종교가 본래 사명을 망각하고 그 존재 이유를 배반함으로써 생명력을 상실하고 종말을 고한 것이나 마찬가지기 때문이다.

"신은 죽었다"는 말이 나온 지 이미 백여 년이나 되었는데, 종교가 '민중의 아편'이라는 고발 이후 벌써 150년이라는 세월이 흘렀는데도, 우리나라 종교계는 이런 비판에 아랑곳하지 않고 종교가 여전히 성업 중이다. 불교, 기독교 할 것 없이 온통 기복신앙, 기적신앙으로 신자들을 유혹하기 때문이다. 복을 구하는 마음이나 행위 자체가 나쁜 것은 아니다. 인간은 누구나 행복을 원한다. 종교도 예외가 아니다. 문제는 무엇이 인간의 진정한 행복이냐, 종교가 약속하는 복의 내용이 무엇이냐가 중요하다. 종교가 어떤 종류의 복을 약속하고 추구하는가 하는 문제다.

기복신앙은 기적신앙이다. 종교가 없는 사람은 자신의 노력으로 각종 세속적 복을 추구하고 자기의 욕망을 충족하려 하지만, 신앙인들은 노력 없이, '신앙심' 하나로 똑같은 내용의 복을 구하니, 정직하지 못하고 공짜를 좋아하는 얌체 같은 사람이 아닌가 하는 생각도 든다.

나는 종교의 물상화·우상화 그리고 종교의 종살이를 방지하기 위해서는, 무엇보다도 맹목적인 경전숭배(성경 숭배)와 문자주의 신앙을 극복하는 일이 제일 시급하다고 본다. 그러기 위해서 우리는 종교의 가시적 측면인 '축적되는 전통'이 하나의 '상징체계'(symbolic system)임을 인식할 필요가 절실하다. 선불교에서 말하는 대로, 부처님의 말씀과 교설을 담은 경전은 달을 가리키는 손가락에 지나지 않는다. 불교, 특히 선불교에서는 부처님의 말씀 자체가 목적이 아니라는 사실을 잘 알고 있다. 오죽하면 '교외별전'이라고 해서 부처님의 마음은 그의 언어를 통한 가르침(敎), 즉 경전의 말이나 가르침 밖에서 따로 마음에서 마음으로 전해진다고(以心傳心) 하겠는가? 모든 중생의 마음, 본심과 본성이 곧 부처님의 마음이라는 심즉불(心卽佛)이라고 하겠는가? 역설적이지만 경전을 진정으로 살리는 길, 경전의 참 의미를 깨닫는 길은 오히려 경전의 절대화, 경전의 문자에 사로잡혀 숭배하는 태도가 사라질 때, 다시 말해서, 경전의 말씀에서 자유로워질 때, 비로소 가능하다.

종교에서 상징의 의의에 대하여 좀 더 설명할 필요가 있다. 매우 중요한 문제이기 때문이다. 일단 종교전통이 상징체계라는 사실을 알면, 종교의 절대화와 숭배에서 해방된다. 하지만, 우리는 종교전통이 단지 '상징'이라고 해서 우습게 여기거나 가볍게 보아서는 안 된다. 가령 태극기는 우리나라의 상징인데, 누군가 태극기를 함부로 찢거나 발로 밟는다면, 우리는 어떻게 반응할까? 심한 모독감을 느낄 것이고 무척 화를 낼 것이다. 이 경우, 태극기는 상징이 나라 전체를 대표할 정도로 무게를 지닌다.

우리는 가끔 말을 할 때 상징이나 메타포를 사용한다. 특히 시인들의 언어는 상징이나 메타포 없이는 거의 불가능할 정도다. 가령 누가 "시냇물이 속삭인다"라고 할 때, 아무도 "시냇물이 우리 사람처럼 속삭인다"고 생각하지 않는다. 또 다른 예를 들면, "저 친구 곰이야"

라고 할 때, 그 사람이 정말 문자적으로 동물 곰이라고 생각하는 사람은 없다. 그럼에도 우리는 그 사람에 대해 '곰'이라는 말보다 더 적절한 단어를 찾을 수 없기 때문에 '곰'이라고 하는 것이다. 이 한 단어 말고 그 사람의 성격과 행동을 문자적으로 묘사하려면 아마도 종이 몇 장을 가득 채워도 성이 안 차겠지만, 한 마디로 다 표현할 수 있는 것이 상징의 힘이다.

어느 성탄절에 본 영화 이야기가 생각난다. 어느 작은 도시에서, 산타 할아버지가 실재하는 존재냐 아니냐를 놓고 두 백화점 사이에 소송 전까지 벌어졌고 변호사들마저 논쟁을 벌이는 우스꽝스러운 일이 벌어졌다. 나는 이 영화를 보면서 기독교 신자들이 믿는 '하늘에 계신 아버지'라는 말을 생각했다. 그리고 기독교 신자들이 믿는 하느님이 산타 같은 분이 아니냐는 생각이 번뜩 뇌리를 스쳐갔다. 곰곰이 생각해 보니 그렇게 말해도 기독 신앙에 큰 문제가 없다는 생각이 들었다. 신앙에 대한, 하느님에 대한, 모독이 아닐지도 모른다는 생각이 없지는 않았지만, 문자적으로 '하늘'을 이해하는 것보다는 훨씬 낫다는 생각이 들었다. 또 '아버지'라는 표현도 마찬가지다. 하느님을 나 같은 인간 아버지처럼 생각하면, 그렇지 않아도 아버지 노릇을 제대로 하지 못한 것이 후회스러운데, 하느님까지 욕되게 할 것 같은 생각이 드니 좋을 것이 하나도 없다고 생각했다. 적어도 산타를 상징으로 이해하듯이, 하느님에 대한 언어나 표현들을 상징이라고 생각하는 것이 문자적으로 '하늘에 계신 아버지'라고 생각하는 것보다 훨씬 더 좋다는 데 이의가 없을 것 같다. 누가 기독교 신자들이 매일 같이 하느님을 부르는 말, "하늘에 계신 우리 아버지"라는 주기도문의 첫 구절을 문자 그대로 취한다면, 신자들은 오히려 적극적으로 말려야 할지도 모른다.

다음 생각은, 산타가 상징이라면, 그는 도대체 무엇을 상징하는 말일까 하는 문제였다. 여러 대답이 있을 수 있겠지만, 좀 막연하지만 일반적으로 말해, '크리스마스의 정신' 같은 것을 상징할 것이다. 그러면 크리스마스의 정신은 또 무엇일까? 있는 자들이 그날 하루라도 자신을 낮추어 없는 사람들을 생각하고 봉사하는 것, 자기가 가진 것을 가난한 사람들과 나누는 것, 공짜로 베푸시는 하느님의 은혜 같은 것, 무엇보다도 예수 자신이 온 몸과 마음으로 보여주신 사랑과 희생의 정신이 크리스마스의 정신 아닐까 하는 생각에 이르게 되었다. 이렇게 생각하면, 산타를 상징이라고 해서 누가 뭐라 하겠는가? 대단한 상징이고 크리스마스가 그저 먹고 마시고 즐기는 날이 아니라, 바로 예수 그리스도가 보여준 하느님의 사랑을 우리가 한 번이라도 본받고 흉내 내보는 날이 아닌가 한다. 산타가 상징이라고 해서 결코 우습게 여길 일이 아니다. 굉장한 진리를 담고 있는 상징이기 때문이다. 바로 예수 그리스도교가 전 생애와 행동과 가르침과 정신을 상기시키는 상징이기 때문이다.

마찬가지로, 우리는 성경에 나오는 하느님에 대한 여러 말과 표현들을 상징으로 읽으면 좋겠다는 생각이 든다. 가령, 하느님은 우리의 '반석', '피난처', 목자라는 표현 같은 것들이다. 더 나아가서 하느님은 우리의 생명, 행복, 구원, 아니 철학자들 가운데는 하느님이 우리의 '존재'라고까지 말하는 사람도 있다. 하느님은 우리가 추구하는 궁극적 선이고 행복이고 사랑이다. 나는 틸리히가 신에 대해 사용하는 '존재의 토대'(Ground of Being)라는 말도 상징이라고 생각한다.

또 예수 그리스도는 '하느님의 아들'이라는 엄청난 상징어는 어떤가? 누구도 하느님이 우리 인간처럼 아들을 낳았다고는 생각하지 않을 것인데, 예수가 하느님의 아들이라고 하는 말을 상징으로 생각한다고 무엇이 문제냐고 문자주의 신앙에 사로잡힌 신자들에게 항의해도 될 것 같다. '하느님의 말씀'이라는 표현도 마찬가지로 상징적이다. 누구도 하느님이 우리 인간처럼 말을 한다고 생각하지는 않을 것이다.

인간이 '하느님의 모상'이라는 말은 어떤가? 이 역시 상징어다. 하느님과 인간 사이에 존재하는 어떤 중요한 관계를 잘 표현하는 상징어다. 사실 이것은 그리스도교 신학의 사활이 달린 문제다. 그리스도교 신앙은 '말씀'이라는 표현을 통해 하느님이 인간과 '소통'을 하는 분이라고 생각하며, 인간을 향한 자신의 뜻과 의지를 '계시'(reveal)하시는 분이라고 생각한다. 성경은 하느님과 인간 사이의 소통(communication)을 강조한다. 말씀을 통해, 계시를 통해, 대화를 통해, 행동을 통해 소통한다. 그리고 예수 그리스도의 말과 행동, 삶과 죽음과 부활은 이 소통 가운데 소통, 그야말로 소통의 핵심이라는 것이 신앙의 증언이다. 이 핵심적 진리를 잘 나타내는 말이 예수 그리스도는 '하느님의 아들'이라는 상징어이고 하느님과 인간의 뗄 수 없는 긴밀한 관계를 나타내는 말이 인간은 하느님의 모상이라는 상징어다.

나는 이 '하느님의 모상'이라는 상징어에 대해 우리가 명심해야 할

세 가지 사항을 지적하고 싶다. 첫째, 이 말은 하느님이 우리 같이 비천한 인간을 닮았다는 말이 아니라 인간이 하느님을 닮은 존엄한 존재라는 뜻으로 이해해야 한다고 생각한다. 둘째, 우리는 이 말이 하느님의 '모상 중의 모상'이신 예수 그리스도, 하느님을 너무나 닮았기에 '하느님의 아들'이라고 부를 수밖에 없었던 예수 그리스도에게 가장 어울리는, 그야말로 꼭 맞는 표현이라고 생각해야 한다고 본다. 따라서 우리가 하느님을 닮은 모상처럼 살려면, 무엇보다도 우리는 예수 그리스도의 언행, 그의 삶과 죽음을 본받으며 살아야 한다는 것이다. "사람답게 살려는 사람만 하느님을 인격화해서 말한다"는 신학자 송기득의 말은 경청할 만하다.

셋째, 모상 개념은 하느님과 인간은 언어를 통해서 소통하는 존재라는 사실을 나타낸다고 본다. 우리가 사용하는 언어, 특히 인간에 준해서 말하는 성서의 인격적 언어나 표현들, 가령 하느님의 뜻이나 의지, 사랑. 용서, 지성과 합리성(Logos)은 모두 하느님이, 곧 '하느님의 말씀'이 인간 예수 그리스도의 몸에 육화(incarnate)되었다는 신학적 근거를 가지고 있다. 로고스(logos)는 말 · 말씀이라는 뜻과 함께 이성, 합리적 사고라는 뜻도 가지고 있다. 말을 한다는 것은 합리적 사고를 한다는 뜻이다. 따라서 우리가 신에 대해 인간의 언어를 사용하는 행위는 결코 유치한 신인동형론적(anthropomorphic) 사고가 아니라, 탄탄한 신학적 근거를 가지고 있다. 합리적 사고는 많은 신앙인들이 오해하듯이 결코 신앙의 반대가 아니다. 오히려 신에게 어울리는 것임을 기억할 필요가 있다. 하느님에 대한 우리의 인격적 언어와 표현이 가능한 것은 말씀(Logos) 자체이고 하느님의 모상인 예수라는 한 인간이 바로 하느님의 아들이고 성육신이라는 신앙적·신학적 진리에 근거하고 있다. 말씀 자체이신 하느님이 인간 예수를 통해 먼저 우리 인간들을 찾아오셨고 말을 걸어오셨다는 믿음에 기초하고 있다. 우리가 신에 대해 사용하는 인격적 언어는 이러한 신학적 정당성을 가진 것이라는 점을 우리는 알아야 한다.

여하튼 하느님의 아들, 하느님의 말씀, 하느님의 모상이라는 상징적 표현들이 얼마나 크고 중대한 의미를 지니는지 우리는 알 수 있다. 상징이라고 우습게 볼 일이 결코 아니다. 그리스도교 신학은 상징을 다른 말로 유비(analogy)라고 부른다. 신과 인간 사이에는 모종의 공통점, 유사한 면이 있다는 생각에 근거한 신학적 언어는 전부 유비적(analogical) 언어다. 그 가운데서도 특히 '하느님의 아들', '하느님의 말씀', '하느님의 모상'은 실로 그리스도 신앙과 신학의 모든 것이 달려 있다 해도 과언이 아닐 정도로 중요한 상징어들이고 유비적 표현들이다.

예수 그리스도는 모든 사람을 하느님의 모상으로 보면서 그대로 실천한 분이다. 그리스도가 탄생한 크리스마스는 이 진리를 상징하는 날이고, 산타 역시 이 진리를 상징하는 존재다. 가공의 인물인지 실재했던 인물인지 따질 일이 아니고 따질 필요도 없다. 산타가 상징하는 것이 무엇인지를 아는 것이 중요다. 그리스도인들은 예수를 사랑의 하느님의 모습을 가장 확실하게 보여주신 분, 참 하느님의 모상을 보여주신 분, 참 인간이고 참 '하느님의 아들'이라고 믿는다. 이 진리야말로 예수 자신이 선포하고 실천한 가장 핵심적인 진리다. 그는 "누구든지 하늘 아버지의 뜻을 행하는 사람은 모두 하느님의 아들딸들이고 형제자매다"라고 선언했다. 사도 바울 역시, "누구든 그리스도 예수 안에 있으면 남자와 여자, 헬라인과 히브리인, 노예와 주인의 차별이 없다"고 선언했다. '없다'는 말은 무의미하다, 중요하지 않다는 뜻이다. '그리스도 안에 있다'는 말은 그리스도의 영(pneuma) 안에 있고 그 영에 따라 사는 새로운 존재라는 말이다. 그래서 바울은 같은 진리를 "누구든지 그리스도 안에 있으면 새로운 피조물이다"라고 선언했다. 예수는 이 새로운 존재를 '하느님의 자녀 즉 아들과 딸'이라고 불렀다. 예수와 바울 모두 이 진리야말로 우리가 인생에서 알아야 할 가장 중요한 진리로 보았다. 이 진리 하나만 알고 실천하면, 인생의 모든 문제가 해결된다고 본 것이다.

성경 언어의 상징적인 이해가 얼마나 중요한지를 우리는 깨닫게 된다. 아무리 강조해도 지나침이 없을 정도로 중요하다. 성경 문자주의나 숭배를 벗어나 성경 언어의 상징적 성격을 제대로 이해하면 종교의 우상화, 종살이는 물론이고, 성경의 깊은 뜻을 이해하는 영적 세계가 열린다. 성경 문자주의에 빠지면 문자 하나하나를 놓고 쓸데없는 질문이 꼬리에 꼬리를 물고 일어난다. 온갖 말과 생각을 동원해서 성경의 메시지를 설명하고 합리화하려고 하지만, 조금이라도 양식이 있는 사람들에게는 다 부질없는 궤변일 뿐이다. 인간의 상식과 지성을 마비시키고 억지로 믿을 것을 강요하다 보니, '묻지마 신앙'만 조장하는 것은 당연하다.

종교의 목적은 어디까지나 영성에 있다. 영성은 절대적 실재를 향한 갈망이고 물음이다. 그침 없는 물음이다. 우리는 세속의 삶에 몰두하다 보니 영성의 부름을 외면하고 억압할 수는 있어도, 영성은 인간이 인간인 한, 결코 우리에게서 사라지지 않는다. 종교는 사회에서, 인류 문명에서 사라질지라도 영성은 인간이 인간인 한, 사라지지 않는다. 인간은 본성적으로 영적 존재이기 때문이다. 그렇다면 영성이란 과연 무엇일까, 좀 더 구체적으로 논할 필요가 있다. 종교가 상징이라 해도, 도대체 무엇을 나타내는 상징이란 말인가? 물로 절대적 실재, 영원한 실재라고 우리는 말했지만, 영성은 이 절대적 실재, 무조건적인 실재를 향한 인간의 갈망이다. 그치지 않고 사라지지 않는 보이지 않는 세계에 대한 형이상학적 사랑(metaphysical eros)이다.

이러한 영성이 종교의 목적이다. 영성이 인간성의 일면인 한 영성은 인간의 삶에서 사라지지 않는 것이다. 영성은 인간이 참 사람이되기 위한, 삶의 완성을 위한, 억누르기 어려운 갈망이고 몸부림이다. 영성은 영적 인간관을 전제로 한다. 인간은 몸과 마음(body and soul, mind)으로 되어있는 존재, 세계는 물질(matter)과 정신(spirit, Geist)이 있다는 상식적인 인간관과 세계관을 넘어서는 제3의 측면이 인간에게 존재한다는 영적 인간관을 전제로 하고 있다. 이 영적 본성이 실현되지 않는 한 인생은 불완전한 삶이 될 수밖에 없다. 이런 점에서 종교의 목적은 영성에 있고, 영성의 목적은 참 사람, 참 인간이 되려는 데있다. 그래서 우리는 표피적 자아, 사회적 자아의 탈을 벗어버린 벌거벗은 나, 참 나에 대한 갈망을 실현해야 비로소 진정한 행복을 누린다고 영성의 대가들이 이구동성으로 말한다. 이런 생각에는 영적 인간관이 전제되어 있는 것은 두말할 필요도 없다.

우리는 일상을 살면서도 가끔 이것이 '나'는 아닌데, 적어도 나의 전부는 아닌데 하는 생각이 들 때가 있다. 먹고 노는 것, 일하고 출세하는 것이 인생의 전부는 아닌데 하는 생각을 금하기 어려울 때가 있다. 때로는 우리가 저마다 사회적으로 형성된 사회적 자아(social self)의 가면을 쓰고 연극을 하고 있는 것이 아닌가 하는 생각을 한다. 참나가 나를 부르는 소리, 일깨우는 소리인지도 모른다.

지금 세계적 인기와 명성을 누리고 있는 '방탄소년단'의 최근 앨범 제목이 〈영혼의 지도: 페르소나〉인데, 제목이 범상치 않아서, 노래를 인터넷에서 찾아 들어보았다. 사회적 자아의 가면 뒤에 감추어진 참나(true self)를 찾는 '영혼의 지도'를 방탄소년단답게 저속어를 섞어가며 ―제기랄 이 나라는 놈은 도대체 누군가, 평생 가도 답은 없을 거야― 노래와 춤을 곁들여 빠른 속도로 중얼거린다. 어떤 사람은 이 껍데기 같은 자아의 가면을 과감히 벗어던지고 참 나를 찾으려는 욕구가 너무 강해, 삶의 과감한 전환을 감행하기도 한다.

이러한 인간의 영적 본성을 가장 이른 시기에 간파하고 자각한 종교는 아마도 인도의 지배적 종교인 힌두교가 아닐까 생각한다. 일명 베단타(Vedānta, 즉 〈베다〉의 끝부분)라 불리는 힌두교 경전 〈베다〉의 우파니샤드(Upanishad)라는 문헌은 모든 인간에 내재하는 영적 본성을 아트만(ātman)이라고 부른다. 더 놀라운 것은, 우파니샤드의 철인들에 따르면 이러한 인간의 영적 본성이 ―인간의 가장 깊은 내면의 실재,

innermost being— 우주 만물의 정수(精髓)이고 생명력이라는 통찰이다. 이러한 진리를 범아일여(梵我一如)라고 부르는데, 우파니샤드의 중심사상이다. 이것이야말로 인류가 가장 이른 시기에 그리고 가장 명확하게 깨달은 신과 인간, 인간과 우주 만물, 주체와 객체의 신비적 합일(unio mystica, mystical union 혹은 identity)의 진리다. 이 둘이 다르지 않고 근본적으로 완전히 동일하다는 진리다. 바로 이 진리를 깨닫는 것이야말로 인생의 지고선(summum bonum, nihsreyas)이라고 베단타 사상은 말한다.

인도에는 여러 철학 학파가 있지만, 그 가운데서도 최고로 간주되는 학파가 곧 베단타(Vedānta) 학파다. 가장 영향력이 있고 존중받는 학파다. 8세기경에 활약한 샹카라(Sankara)라는 철학자/신학자에 의해 대성된 불이론적(Advaita Vedānta) 베단타 학파다. '불이론'(不二論)이라는 말은 인간의 영원한 자아, 즉 참 나(아트만, Ātman)가 곧 우주 만물의 정수이자 본질인 브라만(Brahman)과 둘이 아니라는 뜻이다. 우주 만물과 인간이 궁극적으로 동일한 본질을 지닌다는 통찰로서, 대표적인 형이상학적 일원론(metaphysical monism)이고 영적 인간관이다.

나는 붓다의 무아설(anātman)도 이런 시각으로 이해한다. 무아설은 흔히 오해하듯이 참 나라는 초월적 자아가 없다는 주장이 아니라, 망상과 집착의 대상이 되는 우리의 거짓 자아가 실체가 없는 무상하고 괴로운 존재에 지나지 않는다는 것이다. 인간이라는 존재는 문자 그대로 한시도 머물러 있지 않고 변화무쌍하고(無常, anitya) 괴로운(苦, duhkha) 다섯 가지 요소들의 묶음 혹은 다발(五蘊)로 구성된 존재로서, 거기에는 우리가 영원불변의 참 나로 간주할 만한 것이 없다는 것이 무아설의 참뜻이다. 오온의 그 어느 것도 실체가 없기에 참 나가 아니라는 생각이다. 부처님은 이렇게 비아설(非我)을 설파하셨지, 참 나가 어디에도 존재하지 않는 허구라고 말씀하신 적은 한 번도 없다. 탈을 쓴 나, 번뇌와 망상을 일으키고 탐욕과 집착을 일으키는 나를 참 나로 잘못 생각하는 무지가 인생의 모든 문제의 근본이라고 부처님은 알았고, 그는 따라서 이 자아(self)라는 개념을 분석적으로 해체해버린 것이다. 각자가 탈을 쓰고 연극을 하고 다툼을 일삼는 거짓 나의 배후에는, 그것과는 전혀 다른 차원의 참 나, 영원불변하고 보편적인 나, 라마나 마하르시(Ramana Maharsi)가 말하는 '나의 나'(I-I)라고 부르는 영적 자아가 우리의 진아(眞我, true self)로 있다는 생각을 부처님은 경전 어디에서도 부정한 적이 없다. 다만 부처님의 가르침이 지닌 매력은 부정의 길을 통해 참 나에 대해 말씀하셨지만 참 나 자체에 대해서는 함부로 말씀하시지 않고 침묵을 지키는 편이 낫다고 여겼다는 데 있다. 이것이 불교의 매력 가운데 하나이고 아름다운 지혜라고 나는 생각한다.

나는 불변하는 형이상학적 자아를 명시적으로 부정하는 세속적 인간관과 세속적 휴머니즘(secular humanism)에 반대한다. 불교는 결코 그러한 세속주의 사상이 아니다. 나는 서구 사상이 도달한 결론과도 같은 세속적 휴머니즘을 거부하는 대신 영적 휴머니즘(spiritual humanism)을 주장한다. 불교를 포함하여 모든 종교는 영성의 바탕이 되는 영적 인간관을 제시한다. 긍정적으로 혹은 명시적으로 가르친 베단타 사상이 있는가 하면, 부처님의 무아설처럼 부정의 길을 따라 가르친 것도 있다. 후기 대승불교는 이 부정적 길을 불완전한(不了義 neyārtha) 가르침으로 보고 힌두교의 아트만과 같이 불성(佛性, 혹은 如來 藏)이라는 개념을 통해 보다 적극적으로 참 나에 대해 말했다. 동아 시아 불교 사상은 이 불성 혹은 여래장사상을 부처님의 최종적이 고 완전한(了義, nītārtha) 가르침이라고 보았다. 대승 〈열반경〉에 나오 는 유명한 말, "모든 중생은 불성이 있다"는 선언(一切衆生悉有佛性) 그 대로다.

그리스도교는 인간이 하느님의 모상(imago dei)으로 창조된 고귀한 존재라고 가르친다. 인간은 자신의 원형인 하느님을 갈망하는 품성 을 지니고 살 수밖에 없는 존재라는 것이다. 말하자면 너는 나와 함 께 살아야 할 운명을 지닌 존재라고, 하느님이 마치 우리 얼굴에 지 워지지 않는 인장을 찍어 놓은 것과 다름없다는 인간관이다. 네가 도 망가 봤자 소용없다는 말이고, 무소부재하신 하느님은 우리의 향방 을 지켜보다가 뜻하지 않게 그와 맞닥뜨리게 하신다고 성 아우구스 티스(St. Augustinus)는 말한다. 그의 『고백록』에 나오는 말을 들어보자: "우리가 주님의 낯을 피해 도주한다면 어디로 가겠습니까? 주님이 찾을 수 없는 곳이 어디 있습니까? 우리가 주님을 보지 않으려고 피 해가지만, 주님은 우리를 항상 보고 계시며, 우리의 눈을 어둡게 해 서 주님과 부딪쳐 다시 만나게 하십니다."

제3강

종교와 인간소외

: 종교비판의 두 종류

오늘의 한국 사회에는 종교가 시대에 걸맞지 않게 번성하고 그야말로 '성업' 중이라는 것은 잘 알려진 사실이다. 하지만 종교계가 건강해서, 종교들이 본래적 사명을 잘 감당해서 번창하는 것이 아니라, 세속적인 이유로, 값싼 기복신앙을 마구 자극하고 팔기 때문에 그렇다는 것이 세인들의 일반적인 평이다. 양심적인 신앙인들 자신도 인정한다. 여하튼 외부자의 종교비판이든, 내부자들이 자신이 속한 종교를 고발하는 행위든, 종교비판은 오늘의 한국 종교계에서 가장 절실히 요구되는 일 가운데 하나이다.

종교가 인간을 소외시킨다는 종교비판은 주로 종교 외부자들의 비판이다. '소외'라는 말을 처음으로 중요한 개념으로 사용한 사람은 독일 철학자 헤겔이라는 사람인데(독일어 Entfremdung), 종교비판이라고 하면 빼놓을 수 없는 인물이 그의 철학의 영향을 받은 마르크스(Karl Marx)이다. 또 헤겔 철학의 영향을 받은 포이어바흐(L. Feuderbach)의 종교비판도 잘 알려졌는데, 그는 종교—물론 그리스도교—가 인간의 권리와 존엄성을 몽땅 신에게 양도해버림으로써 인간을 비인간화한다고, 소외시킨다고 비판했다. 헤겔 자신은 그러나 종교를 높이 평가했다.

소외란 말은 일상적 단어는 아니지만, 그다지 어려운 개념도 아니다. 우리는 흔히 소외감을 느낀다는 말을 가끔 사용한다. 자신이 몸 담고 있는 어떤 단체나 조직, 클럽이나 모임이 자기의 뜻과 달라지거나 마음에 들지 않을 경우, 흔히 소외감을 느낀다고 말한다. 이러한 감정은 정치나 정부, 자기가 사는 사회와 문화 전체가 이질적이고 생소하게 느껴질 때, 자신과 전혀 관계가 없는 물건이나 사물, 심지어 어떤 괴물처럼 느껴지는 경우에도 소외감을 느낀다고 말한다.

나는 2강 〈종교 전통은 하나의 상징체계〉에서 종교의 물상화 · 사물화라는 개념을 소개했고, 사물화의 주원인으로서 그리스도교의 성경문자주의를 언급했다. 사물화란 곧 비인간화다. 거기에는 종교가 나 자신의 경험이나 신앙과는 무관한 체제, 마치 어떤 사물이나 물체처럼 느껴질 때에도 소외감이 든다는 생각을 하게 된다. 오늘의 강의는 종교의 물상화 개념이나 현상을 넘어서 종교의 인간소외, 혹은 인간을 비인간화한다는 종교비판에 대해 말하고자 한다. 종교가 자아내는 소외감과 비인간화는 종종 종교의 노예살이, 종교의 종살이라고 해도 될 정도로 심각하다.

종교도 분명히 우리 인간이 만들어 놓은 것인데, 우리와 무관하고 우리로 하여금 소외감을 느끼도록 할 때, 우리는 종교가 인간을 비인간화한다고 말한다. 앞서 나는 원효대사의 호랑이 이야기를 소개했는데, 바로 이러한 역설을 잘 말해준다. 인간을 가장 자유롭게 인간답게 해야 할 종교가 오히려 인간을 얽어매고 억압하는 기제로 둔갑할 때 우리는 종교가 인간의 비인간화와 소외를 초래한다고 비판한다.

종교비판에는 두 가지 유형이 있다. 하나는 세속주의(secularism) 사상가들이 제기하는 종교외적 종교비판이다. 이 비판은 서구에서 주로 그리스도교 신앙을 상대로 한 비판이지만, 현대 세계에서는 반드시 그렇게 좁게 생각할 필요는 없다. 종교 일반에 대한 비판이라고 보아도 무방하다. 다른 하나의 형태의 종교비판은 종교에 몸담고 있는 신앙인들 자신에 의한 자기종교 비판이다. 말하자면 내부자 고발이라고도 볼 수 있는 비판이다. 종교내적 종교비판은 일반적으로 종교외적 종교비판만큼 잘 알려지지는 않았지만, 종교학이나 신학을 공부하는 사람들에는 잘 알려진 사실이다. 종교내적 종교비판은 주로 한 종교 내에서 들리는 양심의 소리로서, 자기가 속한 종교에 급진적인 변혁을 초래하는 결과를 낳기도 한다. 종교의 역사는 이러한 내부적 고발의 역사라고 할 정도로 종교내적 종교비판은 기존의 정통교리와 의례, 전통적인 제도와 권위에 도전함으로써 그 종교를 역동적으로 변화시킨다. 종교사는 어쩌면 이러한 종교내적 비판과 도전의 역사라 해도 될 정도다. 이러한 종교내적 종교비판은 또다시 두가지 형태로 구별된다. 하나는 예언자적인 비판의 소리이다. 주로 한 종교의 도덕적 타락이나 위선에 대한 날카로운 비판의 소리, 양심의 소리로서, 중세 말기에 있었던 가톨릭교회의 교권 부패에 대한 종교개혁가들의 비판이 대표적 예이다. 이와 대조적으로, 한 종교 내에서 신비주의적 영성의 조용한 목소리 또한 한 종교의 내부적 개혁의 세력으로 형성되기도 한다. 13세기 중세 가톨릭교회를 갱신하는 데 큰 역할을 한 도미니코회나 프란시스코회 같은 수도회 그리고 테레사의 아빌라와 십자가의 성 요한 같은 스페인의 신비주의 운동은 이러한 종교내적 종교비판과 영적 갱신을 초래한 대표적 사례다.

종교비판의 시초는 놀랍게도 오히려 종교내적 종교비판이다. '내부자 고발' 같은 역설적인 비판이다. '놀랍다고' 말한 이유는 '역설적'이니까 그렇다. 종교가 자기 자체에 칼을 꽂는 비판을 한다는 사실은 놀라운 현상이다. 스스로에게 칼을 꽂는 비판이 제일 먼저 등장하는 것도 구약성경에 나오는 예언자들의 날카로운 종교비판의 목소리이다. 가령 정의의 예언자로 불리는 아모스는 좋은 예다. 그의 말을 잠시 들어보자:

> 너희는 공의를 쓰디쓴 소태처럼 만들며, 정의를 땅바닥에 팽개치는 자들이다.
> 묘성과 삼성을 만드신 분, 어둠을 여명으로 바꾸시며, 낮을 캄캄한 밤으로 바꾸시며, 바닷물을 불러 올려서 땅 위에 쏟으시는 그분을 찾아라. 그분의 이름은 '주님'이시다. 그분은 강한 자도 갑자기 망하게 하시고, 견고한 산성도 폐허가 되게 하신다.
> 사람들은 법정에서 시비를 올바로 가리는 사람을 미워하고,
> 바른말 하는 사람을 싫어한다.
> 너희가 가난한 사람을 짓밟고 그들에게서 곡물세를 착취하니,
> 너희가 다듬은 돌로 집을 지어도 거기에서 살지는 못한다.
> 너희가 아름다운 포도원을 가꾸어도 그 포도주를 마시지는 못한다.

너희들이 저지른 무수한 범죄의 엄청난 죄악을 나는 다 알고 있다.

너희는 의로운 사람을 학대하며, 뇌물을 받고 법정에서 가난한 사람들을

억울하게 하였다. 그러므로 신중한 사람들이 이런 때에 입을 다문다.

때가 악하기 때문이다.

너희가 살려면, 선을 구하고 악을 구하지 말아라. …

너희는 망한다! 주님의 날이 오기를 바라는 자들아, 왜 주님의 날을 사모하

느냐?

그날은 어둡고 빛이라고는 없다. … 캄캄해서, 한 줄기 불빛도 없다.

나는 너희가 벌이는 절기 행사들이 싫다, 역겹다.

너희가 성회로 모여도 도무지 기쁘지 않다. …

너희는, 다만 공의가 물처럼 흐르게 하고,

정의가 마르지 않는 강처럼 흐르게 하여라.

(아모스 5:7-24)

예수도 예언자들의 종교비판 정신을 이어받은 사람이었다. 그는
당시의 유대교 전통과 지도자들의 경직된 율법주의에 의해 소외되
었던 하층민들, 지키지도 못할 율법의 억압 아래 괴로워하던 민중을
위해 하느님의 정의롭고 자비로운 뜻이 이루어지는 하느님의 나라
라는 새로운 질서의 도래를 선포하고 그 구체적인 모습을 실천으로
보여준 사람이다. 그는 사회에서 소외되고 억압받는 사람들을 하나
님의 아들딸로 부르면서 품었다. 그의 파격적인 행보는 당시 유대 민
족의 종교권력자들과 로마의 정치 권력자들의 미움을 사 억울하게

십자가의 극형을 받고 죽었다. 그러나 억울하게 처형당한 예수를 의로우신 하느님이 버리지 않고 다시 살리셨다는 부활의 소식이 전해지면서, 그가 전파했던 메시지, 그의 말씀과 행위, 그의 죽음과 삶 전체의 의미가 완전히 새롭게 이해되고 해석되었다. 그리스도교라는 종교는 이렇게 시작되었다.

그리스도교는 교리를 통해서 '역사의 예수'를 '신앙의 그리스도'(메시아, 구세주)로, 지상의 삶을 살다간 예수를 천상의 그리스도로 바꾸어 버렸다. 인간 예수를 하느님의 아들로 숭앙하면서 예수의 정체성에 대한 논란을 일으켰고 예수를 천상의 예수로 교리화하는 작업을 수행했다. 이 작업은 4세기 초의 니케아 공의에서 제정된 삼위일체론과, 5세기 중엽에 개최된 칼케돈 공의회에서 제정된 기독론을 통해 공식화되었고, 오늘날에 이르기까지 정통 그리스도교 신학과 신앙의 초석이 되었다.

예수를 하느님의 아들이라고 부를 정도로 그를 따르던 제자들, 여인들, 추종자들에게 제기된 첫 번째 문제는, 예수의 죽음이 가지는 의미가 무엇이냐는 문제였다. 왜 의로운 예수가 그렇게도 처참한 죽음을 맞게 되었는지 그 이유와 의미에 대한 문제였다. 무슨 죽을죄를 지었기에 그런 고통스러운 죽음을 당했느냐는 물음이 당연히 제자들의 일차적 관심사였다. 답은 물론 예수의 죽음은 자기 자신의 잘못 때문이 아니라 '우리를 위한 죽음'이었다는 것이다. 그는 인류의 구원을 위해 하느님이 보내신 그의 아들이고, 성경에 예언한 말씀대로 죽으신 것이고, 우리 모두의 죄를 사하는 대속의 죽음을 죽으셨다는 해석이 지배적이었다.

현대 기독교 신학의 위대한 성과 중 하나는 인간 예수, 역사의 예수의 재발견이다. 예수의 삶과 행위, 사상과 하느님 나라라는 종말론적 운동에 대한 연구와 이해가 발전하면서, 오늘날은 도그마화한 그리스도에서 인간 예수, 역사의 예수가 전개한 천국 운동을 새롭게 시작해야 한다는 시각이 진보적 신학자들에게 지배적이 되고 있다.

여하튼 인간 예수는 구약성경에 등장하는 예언자들, 가령 아모스 같은 선지자의 날카로운 종교 고발의 정신을 계승한 인물이라고 보면 된다. 예수의 종교비판의 가장 좋은 예는 그의 유명한 말, "안식일이 사람을 위해 있지, 사람이 안식일을 지키기 위해 존재하는 것은 아니다"라는 선언에 잘 드러난다. 예수는 당시 유대 지도자들의 경직된 율법주의, 특히 이데올로기화된 안식일 제도를 고발하고 예루살렘 성전 사상을 비판하다가 종교 권력자들의 미움을 샀다. 예수는 안식일 준수 자체를 비판한 것은 아니다. 다만 그것을 절대화하고 엄격하게 명함으로써 사람들의 삶을 엄격하게 구속하는 당시 보수적이고 율법주의자들의 율법 해석과 실천에서 하층민들에 대한 억압을 본 것이다. 우리는 예수의 정신을 이제 단지 안식일 비판이라고 좁게 이해할 필요가 없다. 안식일은 인간이 만든 모든 제도와 이념, 단체와 운동을 대표하는 것으로 보면 된다. 이 모든 것들은 처음에는 다어떤 필요에 따라 생긴 것이지만, 세월이 흐르면서 점점 더 본래의 목적은 사라지고 그 자체가 목적으로 둔갑하여 인간을 억압하는 기제로 작용하게 된다. 제도가 인간을 구속하고 인간이 오히려 제도의 노예가 되는 현상이 생기는 것이다. 예수는 결코 율법 자체를 거부한 것이 아니다. 오히려 율법의 참 정신을 살리고자 했다.

예언자들과 예수의 종교비판 정신은 인류의 소중한 종교적 유산이다. 인류의 양심이고, 인류의 도덕의식을 한 단계 올리는 데 중대한 영향을 끼쳤다. 예수는 이러한 예언자들의 고발정신을 말로만 대변한 것이 아니라 당시 사회적으로 소외당한 사람들, 약자들, 병든 자들, 장애우들, 죄인들, 창녀들, 세리들, 이방 여인들, 따돌림받고 기피 대상이었던 사람들을 모두 하늘 아버지의 자녀로 여기고 그들의 복권, 인간화를 위해 행동으로 실천하다가 당시 종교 권력자들과 로마의 정치 권력의 미움을 사 젊은 생을 마감했다. 그러나 예수의 정신은 지금도 억압받고 소외된 사람의 인간화, 해방, 인권, 자유를 위해 세계 곳곳에서 헌신하고 있는 작은 예수들을 통해서 계속되고 있다.

그리고 예수의 율법비판, 종교비판의 정신은 세속주의적인 사상가들에게도 영향을 끼치게 되었다. 서구 문화가 배출한 많은 무신론자, 유물론자, 세속적 휴머니스트들은 예수 자신을 비판하기보다는 그의 정신을 배반한 그리스도교라는 종교 체제를 비판했다. 이런 세속주의자들의 외부적 종교비판의 가장 대표적 인물은 물론 칼 마르크스였다. 그는 아마도 예수님이나 부처님 말고 인류 역사를, 특히 20세기의 현대사를 완전히 바꾸어 놓은 사상가일 것이다. 그는 1843년에 "독일에서 종교비판은 대체로 마무리되었다. 종교비판은 모든 비판의 전제다"고 선언했다. 종교를 '민중의 아편'이라고 부른 그의 종교비판은 잘 알려져 있지만, 사실 그의 글을 읽어보면 그가 탁월한 문장가라는 사실도 알 수 있다. 그가 엥겔스와 공동으로 작성한 '공산당 선언문'을 읽어 본 사람은 누구나 알 수 있듯이, 그야말로 명문이다. 종교를 민중의 아편으로 비판한 글도 그가 탁월한 문장가라는 사실을 의심의 여지 보여준다. 그 일부를 약간의 의역과 함께 소개한다.

Religious suffering is at the same time an expression of real suffering and a protest against real suffering. ... Religion is the sigh of the oppressed creature, the sentiment of a heartless world, and the soul of soulless conditions. It is the opium of the people. The abolition of religions as the illusory happiness of men, is the demand for their real happiness. The call to abandon their illusions about their conditions is a call to abandon a condition which requires illusions. The criticism of religion is, therefore, the embryonic criticism of this vale of tears of which religion is the halo. 〈Contribution to the Critique of Hegel's Philosophy of Right: Introduction〉

종교가 말하는 고난은 동시에 진짜 고난의 표현이고 진짜 고난에 대한 항거다. … 종교는 억압받는 사람들의 한숨이고 무정한 세상의 인정이고, 영혼 없는 [사회경제적] 상황의 영혼이다.
종교는 민중의 아편이다. 인간의 환상을 심어주는 종교의 거짓 행복의 철폐는 진짜 행복을 요구하는 그들이 소리다. 그들의 상황에 대한 환상을 제거하라는 소리는 환상들을 요구하도록 만드는 상황을 제거하라는 소리다. 종교비판은 따라서 종교라는 이 후광을 지닌 눈물의 골짜기에 대한 비판의 시초다.

간단히 말해서, 그리스도교가 약속하는 사후의 세계, 하늘의 행복은 허구적 행복이고, 억압받는 민중으로 하여금 이런 가짜 행복을 찾게 만드는 근본 원인은 그들의 처한 열악한 사회경제적 상황이라는 것이다. 따라서 이 문제를 해결하지 않는 한, 민중은 계속해서 종교를 통해 아편을 찾을 것이다. 문제의 근본 해결책은 민중이 참된 행복을 누리도록 현세의 부조리한 사회경제 체제를 변혁해야만 한다는 것이다. 그리스도교는 문제의 진정한 해결은커녕 사회개혁의 의지를 약화시키고 저해한다는 비판이다. 종교는 참 행복에 대한 열망이자 민중의 고통에 대한 항의이지만 문제를 잘못 짚은 그릇된 항의일 뿐이다. 우리는 종교가 이러한 사회적 역할을 한다는 비판이 일리가 있다는 점을 부정할 수는 없을 것 같다. 하지만 이러한 비판의 대전제는 오직 눈에 보이는 현세만이 현실이라는 것이다. 종교치고 이 대전제를 받아들일 종교는 하나도 없을 것 같다. 그 순간 종교는 더 이상 종교가 아니기 때문이다. 예수는 하느님의 뜻이 "하늘에서 이루어진 것 같이 이 땅에서도 이루어지기를" 기도하라고 가르쳤다. 그리스도교가 예수의 가르침을 배반하고 이 땅에서 이루어지는 사회정의를 외면해온 것은 누구도 부정할 수 없는 사실이지만, 예수는 동시에 하느님의 뜻이 하늘에서도 이루어진다는 것을 믿은 사람이었다. 현대 종교는 이 두 가지 천국 운동 모두를 외면할 수 없다.

마르크스의 비판사상에 영향을 끼친 포이어바흐 역시 비슷한 비판을 했는데, 그는 마르크스처럼 경제학자, 사회학자는 아니었다. 그역시 마찬가지로 기독교의 구원의 메시지가 환상이고 허구라고 비판했지만, 시각을 달리 해서, 신은 인간이 만든 허구라고 비판했다. 종교는 사람들로 하여금 자기들 자신이 인간으로서 지닌 이성, 권리, 존엄성, 자유, 능력, 비판의식 등 모든 정상적인 능력을 신이라는 허구적 존재에 몽땅 양도해버리게 함으로써 인간을 죄인, 죽일 놈, 벌레만도 못한 놈으로 자신을 비하하고 학대하도록 만든다는 비판이다. 즉 인간을 비인간화한다는 비판이다.

사회주의 사상과 종교비판은 이웃나라 일본만 해도 이른바 '다이쇼(大正) 민주의'가 꽃피던 시대에 사회주의에 심취하지 않은 지식인이 거의 없을 정도로 일본에서 크게 유행했고, 당시 일본에 유학한 우리나라 지식인들에게도 영향을 미쳤다. 현재는 사회주의권의 몰락 이후 아베 총리 같은 극우파가 계속해서 권력을 잡고 있지만, 1970~1980년대까지만 해도 일본에서 사회주의는 살아 있었고 자민당의 대안세력이 될 수 있었다. 무라야마 담화 같은 것은 그가 사회당 당수로 있을 때 나온 것이다.

마르크스의 종교비판은 그리스도교 신학자들에게도 많은 영향을 미치게 되었다. 그 결과 종교사회주의를 주창하는 신학자들이 출현했다. 칼 바르트나 폴 틸리히 등 기라성 같은 현대 신학자들은 젊은 시절에 종교사회주의 운동에 심취했던 신학자들이었다. 또 나의 스승 하버드 대학교의 종교학 교수 스미스(Wilfred Cantwel Smith) 교수는 1940년대 초에 영국 케임브리지 대학에서 이슬람 연구로 박사학위를 받은 역사학자이고, *Islam in Modern History*라는 명저의 저자인데, 그 역시 한때는 마르크스 사상에 경도되었던 학자다. 모두가 아는 대로, 해방 후 우리나라 종교계는 미국이라는 자본주의 종주국의 지배적 영향으로 맹목적 반공사상으로 인해 사회주의에 대한 이해가 많이 왜곡되고 부족하게 된 것도 사실이다. 놀랍게도, 우리나라 개신교의 양대 산맥을 형성한 신학자 혹은 목회자로 누구도 한경직 목사와 김재준 목사를 꼽는 데 이의를 제기하지 않겠지만, 이 두 분도 젊은 시절 한때 종교사회주의에 관심을 가졌던 분이라는 사실이다.

오늘날 세계 곳곳에서 일고 있는 다양한 기독교 신학사상과 운동은 마르크스의 세속주의적인 휴머니즘 사상과 종교비판의 정신에 많은 영향을 받고 있다. 가령 해방신학, 민중신학, 여성 신학, 흑인 신학, 환경생태계 신학 등은 공통적으로 사회적 약자의 '해방'에 초점을 맞춘 신학사상 운동들로서, 사회변혁을 추구하는 실천운동을 벌이기도 한다. 현대 기독교 신학은 더 이상 역사적, 시대적 맥락을 무시하지 않는다. 역사적, 정치적, 문화적 맥락을 중시하는 신학적 사고에 따라 신학의 다원화가 두드러지게 이루어지고 있다. 다양한 형태의 신학(contextual theology)이 세계 기독교계에 돌풍을 일으키고 있다고 해도 과언이 아니다. 전통적인 신학의 울타리 밖으로 나와서 현대 신학은 이제 시대와 함께 호흡하는 신학, 대화하는 신학이 되지 않으면 안 될 정도로 변한 것이다.

평생 같은 말만 앵무새처럼 반복하는 목사나 신부, 교육자와 교사, 자기가 무엇을 하고 있는지도 모르고, 누구 손에 놀아나고 있는지도 전혀 의식하지 못하는 교회 지도자는 이제 신자들에 의해 외면되고 퇴출될 수밖에 없다. 역사의식, 사회의식이 전혀 없는 성직자, 하느님 대신 기독교라는 종교를 숭앙하는 사람, 종교에 의해 철저히 세뇌되고 비인간화된 성직자들, 자신의 종교를 비판하면 무슨 큰일이라도 난다는 듯이 거세게 제재하려 드는 교회 장로들은 한국 개신교에서 흔히 볼 수 있는 전형적인 '경건한' 신자들이지만 종교에 의해 소외된 인간의 전형적인 예이다. 우리나라 기독교는 교리에 의해 철저하게 세뇌되어 조금이라도 정통교리에 어긋나거나 자유로운 생각을 가지면 큰일 나는 줄 벌벌 떠는 사람들, 자기 종교도 제대로 모르고, 타 종교들은 그야말로 아무것도 모르면서 무조건 비하하고 비판하려 드는 '경건한' 신자들을 양산하고 있다.

여하튼 이러한 휴머니즘적인 초기 마르크스의 사상은 프롬(E. Fromm)과 같은 세속주의 휴머니스트와 틸리히 같은 신학자에게도 영향을 미쳤다. 틸리히는 "진리가 너희를 자유롭게 한다"는 〈요한복음〉의 유명한 구절에 대해 무엇으로부터 해방시킨다는 것인가를 물은 뒤 스스로 하는 대답이, '종교'로부터 자유롭게 한다고 했다. 이러한 해석은 당시 내가 다니던 목사님의 설교나 교회 장로님들의 훈계에 식상해하던 나, 그들의 위선을 비판하던 대학생 시절의 나에게 실로 충격적이었고 엄청난 해방감을 선사하는 말이었다. 아, 참다운 신앙이란 이런 것이구나, 신학자들은 이런 말도 서슴지 않고 할 수 있구나 하는 감탄을 자아냈다. 그렇다면 나도 한번 신학이라는 것을 공부해보아야 하겠다는 생각이 들어 철학과의 문을 두드리게 되었다. 그후 수십 년의 세월이 흘러 지금 나의 삶을 돌이켜 보면, 지금도 나는 아무 주저 없이 틸리히라는 위대한 현대 신학자를 알게 된 것은 ― 물론 책으로, 특히 그의 설교집이나 글로― 나에게 큰 행운이었다고 말할 수 있다. 그는 나의 신앙의 '은인'인 셈이다.

사실 종교내적 종교비판은 외적 종교비판보다 더 무서운 면이 있다. 본래 내부자 고발이 외부자 고발보다 더 무서운 법이다. 종교내적 종교비판에는 다시 두 가지 유형이 있다. 하나는 예언자들의 종교비판이고, 다른 하나는 신비주의 전통이다.

예언자들의 종교비판과는 대조적으로, 신과 인간의 합일을 추구하는 신비주의(mysticism) 계통에 속하는 사람들의 종교비판은 조용하고 부드럽다. 그래서 그들의 비판은 오히려 더 심각하고 무섭다. 이들은 자기들만의 리그, 수도단체 혹은 수행단체가 있다. 신비주의자들은 종교 지도자들이나 교권을 지닌 사람들이 맹목적으로 전통을 고수하는 전통주의자들이라고 비판한다. 자기들이 그렇게 소중하게 여기는 교리의 참 의미, 심층적 의미를 모르고 문자에만 매달리는 맹목적인 신앙인이라고 비판한다. 입으로는 정통신앙을 들먹이지만 전통과 정통을 수호한다는 명분으로 자신들의 권위와 교권만 강화한다고 비판한다. 간단히 말해서, 그들은 경전이나 교리가 지닌 깊은 영적 메시지를 무시하고, 표피적 의미에만 매달린다고 주장한다.

신비주의의 영성에 따르면, 하느님은 결코 인간의 언어적 사고나 교리에 가둘 수 없다. 신비주의 영성가들은 경전의 문자적이고 표피적인 의미를 넘어, 신의 목소리를 직접 듣고자 한다. 신을 초월적 타자로 보기보다는 인간의 영혼에 내재하고 자연과 만물에 내재하는 신을 발견하고 신과 더불어 하나가 되기를 원한다. 그러기 위해서 경전의 상징적 해석은 물론이고, 과감한 영적 독법(lectio divina)도 마다하지 않는다. 문자주의 신앙이나 정통교리의 덫에 걸리지 않고 신의 메시지를 듣고자 한다. 이러한 행위 자체가 전통의 권위를 해체하는 면이 있기 때문에, 교리와 경전 중심의 종교 지도자들은 신비주의자들을 늘 위험시하는 경향이 있었다. 때로는 폭력으로 누르기도 했다.

예수 자신에게도 신비주의자들의 내부자 고발과 같은 것이 있다는 사실을 기독교인들은 잘 모른다. 예수에게 예언자적 비판과 체제 도전적인 정신, 해방의 메시지가 있다는 것은 비교적 잘 알려진 사실이고 나는 이 점을 이미 언급했지만, 예수에게는 신비주의적 영성도 있다. 가령, 예수는 하늘 아버지 하느님을 '아빠'라고 불렀다. 예수에게는 불같은 거룩한 분노도 있었지만, 부드러운 위로의 말씀도 지혜의 통찰도 있었다. 예언자들의 거칠고 도전적인 행동 못지않게 위험한 체제 전복적 행동도 마다하지 않았다. 지키지도 못할 율법의 무거운 짐을 지고 사는 사람들에게 쉽고 가벼운 짐을 지고 자유롭게 살라고 초대했고, 하루하루를 무엇을 먹을까, 무엇을 입을까 걱정하는 사람들에게 하늘 아버지에 대한 신뢰로 염려와 근심으로부터 해방된 삶을 살도록 촉구했다. 그는 죄인들과 가난한 사람들과 병든 자들, 따돌림받고 천대받는 외로운 사람들의 친구였고 그들의 인간으로서의 권리와 존엄을 일깨웠고 그들의 대변자였다. 건강하고 부유한 강자들보다는 약하고 가난한 사람들의 친구였고, 교만하고 의로운 사람들보다는 '죄인들과 창녀들의 친구'였다. 어린아이들이 부모에게 가지는 단순하고 절대적인 신뢰를 가지고 하늘 아버지에 대한 믿음으로 살면서 자신에 대한 염려보다는 하느님 나라의 의를 먼저 구할 것을 촉구했다. 공중에 나는 새, 들에 핀 백합화 한 송이에서 하늘 아버지의 돌보심을 보라고 가르쳤다. 예수의 영성은 하늘 아버지에 대한 단순하고 소박한 믿음의 영성이었다. 노자와 장자와 같은 도가적 가르침처럼, 염려와 근심으로부터 해방된 자유로운 삶의 영성이었다.

　예수의 영성은 또 심오한 진리를 간결한 비유로 깨닫게 하는 지혜의 영성이었다. 어리석은 부자의 비유, 탕자의 비유 같은 위로의 메시지, 지혜의 교사였다는 것이 최근 신학자들에 의해서 부각되고 있다. 오만한 자들보다는 겸손한 자, 스스로 의로움을 자랑하는 자 보다는 죄의식으로 괴로워하는 사람들, 가난하고 병든 자들, 몸이 성치 못한 장애인들과 더 가까운 친구였던 분, 세리와 창녀들, 약한 어린아이들과 여성들, 사회적 편견의 대상이었던 사마리아인들을 가까이한 예수에게는 영성과 사회적 해방의 메시지가 둘로 나누어진 것이 아니었다. 예수에게는 '사회적 영성'이라는 말이 굳이 필요 없을 정도로 둘은 하나였다.

　신비주의 영성가들도 외양적으로는 자기들이 속한 종교전통을 존중하고 따랐다. 하지만 그들은 때로는 그 자체로 별도의 수도공동체를 형성했고 자기들의 지도자를 독자적으로 선출하기도 했다. 그들은 자신들이 속한 종교의 지도자들이나 전통주의자들, 교권을 수호하는 권력을 가진 성직자들에 의해, 영적 교리와 신학의 울타리를 넘어서는 언행을 했다는 이유로 제재를 받기도 했다. 심한 경우에는 그들은 신과 완전한 합일을 경험한다는 '오만방자한' 주장 때문에 물리적 탄압을 받기도 했고, 심지어 화형에 처해지는 경우도 있었다. 놀랍게도, 예수처럼 십자가형에 처해진 이슬람의 신비주의자(Al Hallaj)도 있었다.

여하튼 외부자들에 의한 종교비판이든, 신앙의 이름으로 하는 내부자들의 자기고발이든, 종교비판의 소리를 외면하는 종교는 타락하고 병이 들기 쉽다. 종교비판은 어떤 경우에는 종교에 약이 되면 약이 되지 결코 변명하거나 배척할 대상은 아니다. 내부자의 비판이든 외부자의 비판이든, 비판이 사실이 아니고 과장되었다 생각되어도, 겸손하게 경청하는 신자들에는 언제나 유익하다. 오히려 이런 비판의 소리에 귀를 막는 종교는 결국 세인들에 의해 외면당하다가 버림받고 사라지게 된다.

모든 인간의 존엄성과 해방을 외치는 휴머니즘에는 두 가지가 있다. 하나는 계몽주의 이후 현대 민주사회의 중요한 가치들을 주장하고 수호하려는 세속적 휴머니즘이고, 다른 하나는 영적 인간관에 근거한 영적 휴머니즘이다. 여기서 '영적'이라는 말은 오해를 피하기 위해서 약간의 추가적 설명이 필요하다.

세속적 휴머니즘의 인간관에 따르면 인간은 몸과 마음(body and mind), 세계는 물질과 정신(matter and spirit)으로 구성되어 있다. 이른바 데카르트적인 이원론적(Cartesian dualism) 사고다. 하지만 영적 휴머니즘을 말하는 경우의 '영'이라는 말은 마음이나 정신 같은 말(그리스어 psyche, 독어의 Geist, 영어의 마음이나 영혼[mind, soul, spirit])의 동의어가 아니다. 인간은 영적 존재라고 할 때, 영은 그리스어 프뉴마(pneuma, 신플라톤주의 철학의 nous), 힌두교의 아트만(ātman) 혹은 푸루샤(purusa), 대승불교의 불성(佛性) 같은 개념으로 보아야 한다. 인간의 참 나(眞我, true self)를 가리키는 말이다. 때로는 영혼(soul)이라는 말이 인간의 마음이나 정신 이상으로 깊은 영적 뉘앙스를 가진 뜻으로 사용되는 경우가 — 가령 어떤 사람을 '영혼 없는 사람'이라고 말할 때, 혹은 진정성 없는 반성을 '영혼이 담기지 않은 사과'라고 하는 경우— 없지 않지만, 영혼은 서양철학에서는 일반적으로 마음(mind)이라는 단어와 동일한 의미로 사용되고 있다.

'영성'은 그리스도교 인간관의 초석인 하느님의 모상(imago dei), 성 아우구스티누스가 말하는 우월한 이성 혹은 지성(신을 갈망하고 상대하는 ratio superior로서, 세상사나 사물을 대하고 인식하는 열등한 이성, ratio inferior와 구별되는), 마이스터 에크하르트의 지성(intellectus) 혹은 '참 사람'(ein wahrer Mensch)이라는 말로서, 인간 존재의 존엄성, 초월성, 영적 본성을 가리키는 개념들이다. 사도 바울은 이를 가리켜 '내 안의 그리스도'(Christ within me), '그리스도의 영', '부활의 영'이라고 불렀다. 바울은 또 이러한 영에 따라 사는 사람을 가리키는 말로서 '속사람'(inner man), '새로운 존재'(new being), '새로운 피조물'이라는 표현도 사용했다.

나는 이런 개념들이 모두 대동소이하다고 본다. 모두 영적 인간
관의 토대가 되는 개념들로서, 데카르트적인 인간의 마음(res cogitans,
cogito, mind, soul, spirit 등으로 불리는)이나 정신과는 확연히 구별되어야 한
다. 후자는 물론 악한 생각이나 음모를 꾸미는 사람들에게도 있다.
우리가 그런 사람을 영적인 사람(spiritual person)이라고 하지 않는다는
사실도 이러한 구별을 반영하고 있다. 흔히 'spirit'이라는 말이 인간을
영적 존재(spiritual being)라고 할 때 사용하는 경우도 있지만, 둘은 확실
히 구별되어야 한다는 것이 나의 입장이다. 이 둘은 '세속적 휴머니
즘'과 더 깊은 종교적 휴머니즘(religious, spiritual humanism)을 가르는 매우
중요한 요소다. 혼동을 무릅쓰고 나는 후자를 영적 휴머니즘이라고 부
른다. 종교적 배경을 지닌, 위에 열거한 여러 개념들이 모두 종교 문
헌들에서 사용되는 개념들로서, 인간의 초월적 측면을 가리키는 말
이기 때문에 '종교적 휴머니즘'이라고 불러도 되지만, 나는 영적 휴머
니즘이라는 말을 선호한다.

오늘날 세속적 인간관에 기반을 둔 휴휴머니즘은 힘을 잃고 공
허한 구호로 전락해버렸다. 본래는 서구 전통에서 그리스도교의 인
간관의 배경으로 해서 형성된 휴머니즘이지만, 이러한 그리스도교
배경이 사실상 사라졌기 때문이라고 나는 생각한다. 다시 말해, 세
속적 휴머니즘은 이제 인간 존엄성의 근거를 상실해버렸다고 나는
본다. 따라서 나는 영적 휴머니즘을 그 대안으로 제시하고 주장하
는 것이다.

하지만 데카르트적 사고에 근거한 세속적 휴머니즘이 여전히 인간의 보편적 인권과 자유와 평등을 주장하고 있는 것은 부인할 수 없는 사실이고, 이러한 세속적 휴머니즘이 서구 계몽주의 이후로 인간의 보편적 존엄성과 인권사상, 민주주의 정치 체제 법 제도의 토대를 형성하면서 전 세계적인 이념으로 퍼지고 있다. 나는 개인적으로 세속적 휴머니즘 자체를 반대하지 않는다. 또 세속적 휴머니즘과 영적 휴머니즘을 대립적으로 볼 필요가 없고, 오히려 상보적일 수 있고, 그래야 한다는 입장이다.

사실 모든 인간을 편견 없이 대해야 한다는 것, 사람은 단지 사람이라는 이유만으로 존중받아야 한다는 것이 얼마나 현실 세계에서 실천에 옮기는 일이 어려운지를 우리는 솔직히 인정해야 한다. 구체적 인간을 규정하고 있는 사람들의 개인적, 사회적 차별성—가령 성격, 생김새, 경제적 배경이나 학력, 재능이라 능력 등—을 모두 우연적이고 비본질적인 요소로 간주하면서 영향을 받지 않고 인간을 모두 평등하게 대해야 한다는 것이 얼마나 추상적인 인간관이며 보통 사람으로서 전통사회에서는 물론이고, 현대 시민사회나 민주사회에서도 지키기 어려운 일인지 우리는 잘 알고 있다. 어린 학생들을 대하는 유치원이나 초등학교 교사들을 생각해 보자. 상당한 인내심과 인격 수양이 없이는 하기 어려운 일이다. 교사들이 성인군자도 아닌데, 어떻게 그런 것을 기대할 수 있겠는가? 종교적 배경이나 영적 휴머니즘의 배경이 모두 사라져버린 현대 세계에서 세속적 휴머니즘이 공허한 구호 정도로 되고 있다는 사실은 쉽게 이해할 만한 현상이다. 또 영적 휴머니즘조차 무력하기 짝이 없는 것이 오늘의 경제 만능주의가 판을 치고 있는 현대사회의 모습이고 현실이 아니라고 누가 감히 말할 수 있겠는가?

그래도 우리가 이 두 이념이 인류가 만들어 놓은 사상과 체제에 필수적이고 가장 진보적인 것이라고 여긴다면, 아무리 어려워도 이 두 휴머니즘은 서로 손을 잡고 보강하면서 실현해야 할 인류의 이상이다. 세속적 휴머니즘과 영적 휴머니즘은 결코 상반되지 않고 인류의 진정한 행복과 평화, 사회정의에 필수적이라고 보기 때문이다. 인간의 행복에 건강한 몸과 마음이 필수적이라는 것은 누구나 다 아는 사실이다. 상식이다. 이러한 상식을 무시하고 영적 휴머니즘과 영성만 고집하는 사람이 있다면, 그런 사람, 그런 영성가는 반드시 위선과 자가당착을 수도 없이 범할 것이다. 다만 영적 인간관이 인간의 진정한 행복이고 인생의 최종 목표라는 생각에는 변함이 없다. 더군다나 독단적이고 배타적이 된 일부 세속주의적 인간관을 하나의 도그마로 주장하는 학자 혹은 사상가를 나는 존중할 수 없다. 영적 인간관에 대한 강한 거부감과 배타성을 이해하지 못하는 것은 아니지만, 영적 인간관의 뒷받침 없는 세속주의가 얼마나 공허한지를 모르는 것도 맹목적 인간이기는 매한가지다. 미워하고 반대하면서 닮는다는 말이 있듯이, 세속주의의 도그마와 종교적 도그마는 닮을 꼴이라는 사실을 기억하자. 종교는 인간 소외를 조장한다고 비판할 수 있어도, 영성은 아니다. 영성은 인간의 참 자유, 참 행복에 필수적이라고 나는 생각한다. 인생의 궁극적 행복은 참 나의 실현에 있다. 건강한 세속적, 사회적 자아의 실현과 행복은 영적 자아의 실현과 행복에 필요조건은 되지만, 필요충분조건까지는 되지 못한다.

나는 사람이 몸과 마음으로 구성된 건강한 자아로 살게 해주려는 일에 종사하는 사람들의 노력을 높이 평가한다. 누구도 의사 없이 살 수 없고, 누구도 선생님의 노고 없이 성장할 사람은 없다. 몸과 마음의 건강은 인간의 행복에 필수적이라는 것은 두말할 필요도 없는 사실이다. 종교들이 때로는 초월적 영성을 추구하면서 지나친 금욕주의나 이성의 상식을 무시하는 면이 없지 않지만, 건강한 사회적 자아의 형성이 필수적이라는 인식은 종교 지도자들이나 영성가들도 반드시 인식하고 존중해야만 한다. 건전한 자아, 사회적으로 인정받고 자기가 하는 일에 자긍심을 갖는 일은 매우 중요하다. 나는 이런 것을 초개처럼 여기고 오로지 영적 자아, 참 나를 찾는 일에만 매진하는 사람을 종종 만나지만, 의구심이 들기도 한다. 이 사람이 정말 행복할까, 만족할까? 사실 그런 사람은 세상에서 인정받을 정도로 산다는 일이 얼마나 어려운 일일지 모르는 철없는 사람처럼 보이기도 한다. 초인격적 자아, 보편적 자아, 참 나를 말할 자격이 없을지도 모른다. 어디 가서 무슨 일을 하던, 참 나의 실현은 허위의식이나 이기적 욕망을 충족하는 수단으로 사용되기 쉽다. 혹은 사회적 역할과 책임을 회피하는 구실이 되기도 쉽다.

영적 존재인 인간에게는 영적으로 살고자 하는 영적 선험성(a priori)이 존재한다. 종교의 본질과 핵심은 인간과 우주에 내재하고 있는 이 깊은 영적 실재를 자각하고 키우는 데 있다. 종교학자들은 이 영적 선험성을 종교적 존재(homo religiosus)인 인간의 종교적 선험성(religious a priori)이라고 부른다. 우리 인간에게 선악시비를 가릴 수 있는 도덕적 선험성(moral a priori, Kant 윤리학의 핵심)이 있듯이, 또 착하게 살려는 도덕적 본성이 ─맹자는 그것을 '측은지심'이라고 불렀다─ 있듯이, 우리에게는 영적 관심을 추구하고 영적 삶을 살고 싶은 본성이 선험적으로 존재한다는 것이다.

영성이 인간의 본성으로 주어져 있는 선험적 요소라 해도, 그것을 자각하고 수행을 통해 현실화시켜가는 과정은 누구에게나 필요하다. 선불교에서는 이것은 돈오점수(頓悟漸修), 혹은 선돈오후점수라고 한다. 자신의 영적 본성, 곧 불성을 먼저 자각하는 것이 필수다. 하지만 이 자각에 근거하여 자신의 현실적인 실존을 변화시켜나가는 지속적인 수행의 과정이 따라야 한다. 우리에게 오랫동안 습관화된 번뇌는 결코 일시에 제거되지 않기 때문이다. 번뇌가 존재하지 않는 허구라고 아무리 깨달아도 번뇌에 의해 괴롭힘을 받지 않는 수행자는 존재하지 않는다는 생각에 기초한 처방이다.

나는 이 돈오점수가 단지 선불교만의 특징이 아니라, 모든 종교, 모든 영성의 대가들의 공통적 사상이라고 본다. 돈오 없는 점수는 끝모를 싸움과 같아 이길지 질지 모르는 고달픈 투쟁이 되지만, 돈오는 승리가 이미 자기 손 안에 있다는 믿음과 자각 위에서 수행하는 것이기에 쉽고 가벼운 싸움이 된다는 것이다. 따라서 돈오와 점수는 반드시 선후가 바뀌어서는 안 된다는 것이 고려 중기에 활약한 보조국사 지눌(知訥) 선사의 확고한 가르침이다. 기독교 신학의 용어로 말하면, '선 의화(justification) 후 성화(sanctification)'라고 할 수 있다. 다만 그리스도교 신앙에서는 이 두 가지 단계 외에 하느님의 미래를 기대하는 종말의 희망과 믿음을 말한다. 곧 만인과 만물이 새롭게 되는 새로운 창조(new creation)인 영화(榮化, glorification)다.

제4강

신은 존재하는가?

신의 존재 여부는 누구나 살다 보면 한 번쯤 심각하게 고심해보는 문제다. 나 역시 젊은 시절 이 문제가 화두처럼 꽂혀 한평생을 살았다. 아직도 신의 존재에 대해 원하는 만큼 속 시원한 해답을 찾지 못했기에 지금도 이 화두를 안고 고심하고 있다. 이 문제는 나의 정신적 고민의 전부를 차지한다 해도 과언이 아니다. 누구나 생의 어떤 지점에서는 무신론이냐 유신론이냐를 선택해야 하는 시점이 있다. 무신론자로 세계를 보고 인생을 이해하며 살 것이냐, 아니면 모종의 신의 존재를 인정하고 거기에 따라 살 것인가 하는 일생일대의 중대한 결단이 요구된다.

　　몇 해 전, 삼성의 창업주 고 이병철 회장이 돌아가시기 전에 어느 신부님께 신의 존재와 기타 종교적 질문을 했다는 언론의 보도가 있었고, 세인의 화제와 관심을 모은 적이 있었다. 나는 그 분의 삶에 대해 잘 알지 못하고, 그 분이 평소 어떤 생각을 가지고 사셨는지, 어떤 신앙 배경이 있는지도 모른다. 다만, 그 분이 종교나 신앙에 대해서 평소부터 관심이 많았다는 이야기는 들어본 적이 없기 때문에 좀 놀란 편이었다. 평소 종교에 별 관심이 없던 사람이라도 생을 마감할 때가 오면, 신앙의 문제에 관심을 갖게 마련이구나 하는 생각도 들었다. 제아무리 세상을 호령하며 산 영웅호걸도 죽음 앞에서는 어쩔 수 없이, 이게 삶의 전부란 말인가, 내가 이런 허무한 인생을 위해 그렇게 노심초사 살았다는 말인가 하고 묻게 되는 법이다. 그러면서 자연히 인간의 사후 운명에 대해서도 관심을 보인다.

고 이병철 님이 제기하신 문제가 여럿이 있었지만, 따지고 보면 모든 문제가 결국 신의 존재 문제로 귀결된다. 그러기에 서양의 종교 철학 서적들은 대부분 이 문제를 빼놓지 않고 다룬다. 사람에 따라 신의 존재 문제에 대한 응답은 천차만별이다. 어떤 사람은 신의 존재는 우리 인간으로서는 알 수 없는 문제이기에 각자의 '실존적' 결단의 문제로 남겨둘 수밖에 없다고 다소 애매한 입장을 보이는 사람이 있는가 하면, 그냥 웃으며 넘기는 사람도 있다. 반대로 신의 존재를 옹호하려는 여러 이론들을 열심히 설명하는 사람이 있는가 하면, 마찬가지의 정열을 가지고 신의 존재를 의심하는 사람들을 열심히 설득하려는 사람도 있다. 신의 존재를 논증하는 이론 가운데 가장 유명한 것은 아마도 가톨릭 신학의 기둥으로 추앙받고 있는 성 토마스 아퀴나스(Thomas Aquinas, 1225~1274)가 제시한 신의 존재를 입증하는 다섯 가지 논증일 것이다.

나는 대학 시절부터 "신이 없다면, 모든 것이 허용된다"는 도스토옙스키의 말이 인생의 화두처럼 꽂혀 평생 신의 존재 문제를 안고 살게 되었다. 아직도 신의 존재를 확신한다고 자신 있게 말하지는 못해도, 이 사실만은 비교적 솔직하게 말할 수 있다. 나로 하여금 철학, 신학, 비교종교학을 공부하게 만든 것도 바로 이 때문이다. 우리는 도스토옙스키의 말을, 신을 믿지 않으면 선악시비를 모른다거나 선악을 가리지 않고 마음대로 인생을 산다는 뜻으로 이해해서는 안 된다. 내가 이해하기로는, 만약 신이 존재하지 않는다면, 우리가 믿고 추구하는 모든 도덕적 가치들이 결국은 무너지고 허무주의를 면치 못하게 될 것이라는 것을 경고하는 말이라고 생각한다. 나는 이러한 생각이 화두처럼 꽂히면서 70이 넘도록 살아왔다.

우리나라 사람들에게는 잘 알려지지 않은 인물이지만, 현대 힌두교 사상가로서 간디 못지않게 전 인도인들의 존경을 받는 유명한 사람이 있다. 비베카난다(Vivekānanda)라는 인물인데, 그에 관한 일화가 생각난다. 그는 젊은 시절에 인도의 유명한 사상가나 종교지도자들을 만나고 다니면서 단도직입적으로 "선생님은 신을 보셨습니까?"(Did you see God?)라고 묻고 다녔다고 한다. 만나는 사람마다 대답이 시원치 않아 크게 실망했지만, 라마크리쉬나(Ramakrishna)라는 단한 사람만은 확신에 찬 어조로 '그렇다'(Yes, I saw him.)라고 확신에 찬 답을 했다는 이야기다. 라마크리쉬나는 당시 칼카타에 있는 칼리(Kāli) 여신을 모시는 어느 사원의 사제였는데, 이런 일이 있은 후 비베카난다는 라마크리쉬나의 제자가 되었고, 라마크리쉬나 선교회도 만들어 그의 사상과 힌두교 사상을 세계에 전파하는 데 많은 공헌을 했다.

여하튼 한 구도심에 불이 붙은 청년이 오죽 답답했으면, 그렇게 당돌하게 신의 존재를 물어보면서 다녔겠는지 이해도 간다. 다행히 나에게는 아직 그런 사람은 오지 않았다. '다행'이라고 말하는 이유는 단지 내가 자신이 없기 때문만이 아니다. 다만 내가 현재 할 수 있는 말 하나는, 만약 내가 신의 존재에 대해 긍정적으로 대답할 자신은 없지만, 그 반대의 경우, 즉 만약 신이 존재하지 않는다면 우리 인생이 어떻게 될까 하는 물음에는 어느 정도 확신을 가지고 답할 수 있을 것 같다는 생각이 들기 때문이다. 신이 존재하지 않는다면, 우리 인생의 의미는 허무주의를 면하기 어렵다는 생각이다. 도대체 우리가 무엇 때문에 사는지 말하기도 어려울 정도라는 생각은 지금도 변함이 없다. 이것이 오랜 고심과 방황 끝에 겨우 내가 도달한 현재의 결론이고 나의 솔직한 심정이다. 말하자면, 신의 존재 문제에 대한 '반쪽자리' 답인 셈이라 해도 된다.

신을 믿지 않고는, 혹은 신이라는 가설을 도입하지 않고는, 아무리 훌륭한 과학자라 해도 결코 이해할 수 없는 세계와 인생의 현상들이 많다는 생각만은 확실하다고 나는 말할 수 있다. 이에 대해서는 종교 10강의 제6장, "과학은 종교의 적인가?"에서 더 논할 예정이기 때문에 지금은 말을 아낀다. 여하튼, 남은 생이 얼마나 될지 모르지만, 이제부터는 청년 비베카난다가 단도직입적으로 묻고 다녔다는 질문에 좀 더 확실하고 자신 있게 답할 수 있기를 바라면서 이런 강의도 하게 된 것이다. "뻔히 안 될 줄 알면서도" 한다는 생각이 들기는 하지만, 꿈이야 누가 못 꾸겠는가 하면서 자신을 격려하고 용기를 내고 있다.

다시 강의의 주제로 돌아와서, 우선 신의 존재 문제를 안고 씨름하던 시절에 나 자신에 많은 도움을 준 생각 하나를 소개하면서 오늘의 강의를 이어가고자 한다. 틸리히라는 현대 그리스도교 신학자는 신이라는 말이 너무나 흔히 사용되다 보니 힘과 의미를 상실했다는 생각에, 신이라는 단어를 "궁극적 관심"(ultimate concern)이라는 말로 대체할 것을 제안한 바 있다. 나 자신도 젊은 시절 틸리히의 이 말을 접하고서 많은 영향을 받았다. 하지만 곰곰이 생각해 보면, 그 말이 속이 시원할 정도의 해결책은 못 된다는 생각도 들었다. 이에 대해서는 앞으로 자연스럽게 논하게 될 것이다.

신을 '궁극적 관심'이라고 말하는 데는 장점이 있다. 우선 이 단어가 지닌 의미와 의의를 잘 알 필요가 있다. '궁극적 관심'이라는 말에서 '궁극적'이라는 말은 마지막까지 남는, 혹은 나의 삶에 지속적이고 지배적인 관심을 가리키는 말이다. 궁극적 관심은 다른 모든 부차적 관심에 우선하는 가장 중요한 관심, 무조건적이고 절대적인 관심이라는 말이다. 여기서 한 가지 우리가 주목해야 할 중요한 사실이 있다. '관심'이라는 말의 이중적 의미인데, 이 모호성은 틸리히 자신이 의도한 것일지도 모른다. 이 말은 관심의 대상을 가리키지만 동시에 그런 관심사에 사로잡혀 있는 사람의 마음 상태, 즉 '신앙'을 가리키는 말도 된다. 틸리히 자신은 굳이 이 구별을 언제나 명확히 하며 사용하는 것은 아니지만, 이에는 의도적인 면도 있다. 사실 이 모호성이야말로 이 개념이 지닌 매력 가운데 하나일 수도 있다. 적어도 신에 관한 한, 신은 단순히 하나의 사물이나 대상일 수가 없기 때문에, 주체와 객체의 분리된 인식의 대상일 수 없다. 다시 말해서, 궁극적 관심은 우리의 전 인격이 개입되는 실존적 문제이기 때문에, 질문에 임하는 우리의 태도나 마음 상태가 단순히 어떤 물체를 대하듯

할 수는 없고, 한낱 지적 호기심으로 임할 것이 아니라 마치 죽음을 앞둔 암 환자처럼 간절하고 진지한 마음으로 임해야 한다는 것을 암시한다. 신이 우리의 궁극적 관심이라면, 신의 문제를 대하는 우리의 자세는 주객의 분리나 대립의 자세로는 적합하지 않다는 말이다. 신은 우리가 데카르트적인 사유의 주체(cogito)로서 냉철하게 다룰 문제가 아니라, 우리의 전 존재가 투입된 실존적 자세로 임해야 한다는 뜻이다. 여하튼 신이 궁극적 관심이라는 말이 지닌 이러한 이중적 의미의 모호성은 우리가 세계의 여타 사물이나 대상을 대하듯이 주객 분리나 대립의 초연한 자세로 신에 대해서 생각하면 안 된다는 것을 암시한다는 점에 우리는 주의할 필요가 있다.

궁극적 관심은 다른 말로 하면, 궁극적 선, 지고선(the highest good), 즉 최고 가치라고도 할 수 있다. 다른 어떤 가치보다 우선하는 무조건적인(unconditional) 가치, 그야말로 다른 모든 가치를 제쳐놓고 관여할 수밖에 없는 최고의 가치, 최고의 선 같은 것이다. 신이 우리의 궁극적 관심이라는 말은 우리가 그런 관심에 사로잡혀 있는 경우에는 나의 전 존재와 삶이 거기에 개입될 수밖에 없다는 것을 암시한다. 어떤 것이 우리의 궁극적 관심이 되고 우리의 신앙의 대상이 되면, 나의 삶 전체가 온통 이 관심을 중심으로 하여 전개될 수밖에 없다. 그렇게 되면 궁극적 관심에 사로잡힌 사람의 전 삶과 인격은 어떤 통일성을 가지게 된다. 적어도 나의 삶이 무엇을 원하는지, 내가 추구하는 삶의 궁극적 목적과 의미가 어디에 있는지를 묻는 물음을 중심으로 어떤 일관성이 형성되기 마련이다. 궁극적 관심이 지배하는 삶은 여러 잡다한 관심으로 갈라지거나 쪼개지지는 않는다. 추구하는 가치들이 통일성과 일관성을 가지기 때문이다. 가치의 통일성은 인격의 통일성과 삶의 통일성을 가져온다. 이런 뜻에서, 신이 나의 궁극적 관심이라면, 신은 내가 죽는 날까지 포기할 수 없는 관심, 놓을 수 없는 관심이라는 말이다. 다른 모든 가치를 제쳐놓고 우선적으로 추구하고 사랑할만한 가치다. 이런 가치는 결코 하나의 수단적 가치일 수가 없다. 무조건적이고 절대적인 관심이며 그 자체가 삶의 목적과 의미를 제공하는 가치이기 때문이다. 다른 모든 가치는 이 궁극적 가치, 목적적 가치에 비하면 전부 수단적 가치, 부차적 가치일 뿐이다.

우리가 신을 이렇게 궁극적 관심으로 간주한다면, 궁극적 관심이 없는 '무신론자'는 실제로 존재하지 않을지도 모른다. 우리가 의식하든 하지 못하든, 사람은 모두 자기 삶에서 가장 중요하게 여기는 삶의 목표가 있다(영화 기생충에 나오는 대화, '너도 계획이라는 것이 있구나' 하는 말이 생각난다). 인생의 최대 · 최고의 가치 같은 것, 인생의 절대적이고 우선적인 가치 같은 것이다. 어떤 사람에게는 심지어 무신론 자체가 모든 다른 관심을 제치고 가장 중요한 관심사일 수도 있다. 신을 믿는 사람만 보면, 무조건 따라다니면서 괴롭히는 사람, 신에 대한 관심을 포기하도록 설득하는 데 온 관심과 정열을 쏟는 무신론자다.

이러한 틸리히의 신관의 배후에는 신은 인간의 지고선(smmum bonum)이고 행복이라는 생각이 깔려 있다. 인간은 무지로 인해 다른 어떤 피조물이나 상대적인 것을 최고의 절대적인 가치, 무조건적인 가치로 삼고 자기 인생의 목적과 의미로 삼을 수는 있어도, 그런 목적 없이 무의미한 삶을 사는 사람을 별로 없을 것 같다는 생각이 든다. 아무리 나쁜 짓을 해도, 그 사람은 그 순간에 그 행동이 '좋다'(good)고 생각하기 때문에 한다는 생각이 깔려 있다. 이러한 생각은 소크라테스의 지행합일설 이래 매우 오래된 생각이다. 틸리히뿐 아니라 성 아우구스티누스, 성 토마스 아퀴나스 등 모두 신은 인간의 최고선이고 행복이라고 했다. 물론 틸리히에 따르면, 우리가 조건적이고 상대적인 것을 무조건적이고 절대적인 관심으로 삼는다면, 우리는 실제로 우상숭배를 범하는 사람이고 우리의 인생은 비참하게 된다고 생각했다. 사실 틸리히는 세계 제2차 대전을 경험하는 가운데 히틀러의 나치즘에서 이런 광기를 보았던 사람이다. 우상숭배의 위험을 보았던 사람이다.

무신론에는 **이론적 무신론**도 있지만, **실천적 무신론**도 있다. 말과 생각으로는 신을 믿는다고 하지만, 그의 실제 삶의 궁극적 관심은 신이 아니라 돈과 권력일 수도 있다. 그런 사람을 두고 우리는 위선적인 '신앙인'이라고 말한다. 그런 사람도, 신은 곧 궁극적 관심이라는 말을 제대로 이해하게 된다면, 그는 죽음을 앞두고 자신의 영혼의 상태를 한 번 정직하게 성찰하고 점검해 보는 계기가 될 수 있다. 적어도 자기가 인생에서 과연 무엇을 자신의 궁극적 관심으로 삼고 살았는지, 위선자는 아니었는지를 진지하게 생각해 보는 계기가 될 것 같다. 그런가 하면 스스로를 무신론자라고 공언하던 사람도 신을 궁극적 관심으로 이해한다면, 더 이상 자신이 무신론자라고 호언장담하기 어려울지도 모른다. 말로는 무신론을 주장하지만, 실제로는 신 아닌 것을 신으로 오인하여 절대화하고, 우상을 숭배하면서 산 자신을 발견할 수도 있다. 수치심을 느끼고 자기가 산 삶을 진심으로 뉘우치는 사람도 있을 것이다. 여하튼 우리 모두가 행복을 찾는 존재들이라면, 무신론자는 없을 것 같다. 문제는 행복을 잘못 생각한 사람, 따라서 엉뚱한 것을 신으로 삼고 사는 사람은 있을지언정, 행복 자체를 무시하는 사람은 없을 것이다. 인간은 모두 행복을 원하고 추구하기마련이기 때문이다. 무신론자가 되기는 그리 쉽지 않고 간단한 문제가 아니라는 사실을 깨닫게 된다.

틸리히의 말대로, 우리 모두가 이미 존재를 향유하고 있고 가치와 행복을 찾아 헤매고 있다면 그리고 신이 존재의 토대(ground of being)이고 모든 선과 행복의 원천이라면, 우리는 이미 신 안에서 살고 있다는 말이고, 이미 신을 찾고 있을지도 모른다. 기독교의 창시자라고 불릴 정도의 인물인 사도 바울의 유명한 아테네 설교에서, "우리는 신 안에서 살고 움직이고 존재하고 있습니다"라고 했다(In whom we live and move and have our being). 사실 이러한 신관은 중세 시대 신학자들에게는 거의 자명한 진리였고, 거의 모든 사람이 공유했던 신관이다. 서양철학을 공부하는 철학도들이 흔히 '스콜라 철학'이라고 폄하하던 말, 중세 철학은 '신학의 시녀'에 지나지 않는다는 말은 재고해야 한다고 나는 생각한다. 지금 철학의 위기는 오히려 철학이 과학의 시녀가 되었기 때문이라고 나는 본다. 서양 근대 철학은 형이상학을 포기하는 순간부터 이미 사양길에 들어섰다고 나는 생각한다.

우리는 스스로를 무신론자라고 생각하는 사람에게, 우선 물어야 한다. "당신의 궁극적 관심은 과연 무엇입니까?" 혹은 당신은 "무엇을 당신의 궁극적 관심으로 삼아 지금까지 살아 왔습니까?"라고 묻는다면, 신의 존재 문제는 단지 지적 호기심이나 철학적 탐구의 문제가 아니라는 사실을 깨달을 것이다. 자신의 삶 전체의 향방이 달린 매우 진지한 문제라는 사실을 깨닫고, 앞으로 내가 무엇을 나의 궁극적 관심으로 여기고 살 것인지를 묻는 계기가 된다. 틸리히의 신관은 이런 장점, 이런 매력이 있기 때문에, 젊은 시절 나를 사로잡았다. 누군가 죽음을 앞둔 이병철 님에게 이런 질문을 했더라면, 그분이 무어라고 말하셨을지 무척 궁금하다. 적어도 그분이 죽음을 앞두고 자신이 무엇을 궁극적 관심으로 여기고 살았는지, 한 번만이라도 진지하게 성찰하는 기회는 되었을 것이라는 것만은 분명할 것 같다.

우리는 또 유신론에 대해 토론과 대화를 할 경우에도, 누가 어떤 신을 염두에 두고 하는 주장인지를 먼저 확인해볼 필요가 있다. 적어도 같은 신관을 두고 논해야 의미가 있지, 서로 다른 신관을 두고 신이 있다 없다 논한다면, 시간과 노력의 낭비일 것이기 때문이다. 나의 경험으로는, '당신이 생각하는 신은 어떤 분인가' 하고 묻고 확인하는 경우, "그따위 신은 나도 믿지 않는다"고 말하고 싶은 경우가 종종 있었다는 것을 말하고 싶다. 책임 있는 유신론자가 되기가 어렵지만, 책임 있는 무신론자가 되기도 결코 쉽지 않은 일이다.

틸리히의 이러한 가치론적, 행복론적 신관은 많은 장점에도 불구하고, 그 한계 또한 명백하다. 두 가지 취약점을 생각해 볼 수 있다.

어떤 사람은 말하기를, 이러한 신관은 아무 소용이 없고 설득력도 없다고 주장할 것이고, 또 어떤 사람은 자기가 생각하는 가치가, 그런 것이 참으로 궁극적이든 아니든, 자기의 신이라고 고집한다면, 가령 권력이나 돈, 명예나 권력 또는 쾌락이라고 주장하면, 그가 우상을 섬기는 어리석은 사람이라고 비판할 객관적 근거를 제시하기가 어렵다. 그가 우상을 섬기는 사람의 가치관에 동의는 하지 않는다고 쉽게 말할지는 몰라도, 당신의 가치관, 당신의 궁극적 관심, 최고의 가치, 당신이 추구하는 선과 행복이 틀렸다고 말하기가 어려운 시대를 우리는 살고 있다. 현대인들은 이른바 '가치상대주의'가 지배하는 시대, 사회, 문화 속에서 살고 있기 때문이다. 당신의 가치관이 틀렸다, 잘못되었다고 설득할 마땅한 방법이 없는 시대에서 현대인들을 그래도 가치를 믿고 논하고 실천하며 살아야 하는 딜레마를 안고 있다.

다른 말로 하면, 현대인들은 가치가 다양화되고 개인의 자유로운 선택에 맡겨진 가치상대주의 시대를 살고 있다. 가치상대주의가 상식이 되다시피 한 사회에서 살고 있다. 가치문제를 놓고 합리적 대화와 설득을 기대하기 어렵게 된 것이다. 만약 신이 자기가 선택한 궁극적 관심이고 지고의 선이라면, 다시 말해 자기가 최고로 평가하는 가치가 신이라면, 상대주의는 피할 길이 없을 것이다. 참 신과 가짜 신, 참 가치와 가짜 가치 혹은 열등한 가치를 식별하고 구별할 수 있는 객관적 기준이 없는 세계에서 현대인들을 살고 있기 때문이다. 참 신과 가짜 신을 판별할 기준이 없는 세계에서, 어떻게 이 가치상대주의 문제를 풀 것인가 하는 난제가 우리 앞에 놓여진다.

한 걸음 더 나아가서 설령 어떤 사람이 궁극적 관심을 찾았다 해도 그리고 이에 대해 타인을 설득할 수 있다 해도, 우리가 반드시 그런 가치에 모든 것을 걸고 사는 일, 말하자면 우리의 모든 것을 거는 (all in) 궁극적 관심을 쏟는 일이 정말 현명한 일인지 의문을 제기하는 사람도 있을 것 같다. 가령 주식에 투자하는 사람이, 한 가지 주식에 올인하기보다는 분산해서 투자하는 것이 안전하고 현명하다고 반론을 제기할지도 모른다. 궁극적 관심에 올인하는 것은 매우 위험하고 어리석은 일이라는 반론이다. 결국 신의 존재 문제는 개인이 선택한, 혹은 그의 성향과 결단, 삶의 방식에 달렸다는 말이 되고, 누구도 거기에 이견을 제시할 수 없다. 가족도, 부모도, 스승도, 어떤 위대한 사상가나 인물도 없다. "I like it, it's my life, I love her."라고 말하면 대화 끝이다. 우리나라 안방 드라마들이 대개 이런 사랑 이야기로 시간을 질질 끌다가, 대개 남자나 여자 주인공이 암 혹은 교통사고 등으로 죽거나, 혹은 "자식 이기는 부모 없다"는 말로 끝나지만, 서구 '선진국'들에서는 처음부터 말도 안 되는 드라마다.

현대인들의 가치상대주의적 사고의 배후에는 세계 인식의 주도권이 완전히 자연과학에 넘겨졌다는 사실이 있다. 과학이 보는 세계는 가치와는 아무 상관이 없는 탈가치화된 세계다. 사실(fact)판단과 가치(value)판단이 완전히 무관하고 전혀 이질적인 문제로 간주된다. 세계에 대한 진리는 오로지 사실 인식과 사실 판단의 문제로서, 과학의 영역인 반면, 인문학, 철학, 신학, 윤리학 등은 가치판단의 문제만 다루는 것으로 이해된다. 따라서 누구도 당신의 가치관이 틀렸다고 말할 수 없게 되었다.

　피조물과 창조주, 조건적인 것과 무조건적인 것, 절대적인 것과 상대적인 것의 구별이 미리 합의가 있고 전제된다면 모르지만, 다시 말해서, 궁극적 관심을 선택하는 기준이 어느 정도 전제된다면 모르지만, 그런 사회, 그런 시대는 현대 세계에서는 사라졌다. 궁극적 관심이 다양하고 다원화되어 개인의 자유로운 개인의 선택과 결단의 문제가 된 시대를 우리는 살고 있다. 결국 궁극적 관심과 가치는 각자 알아서 선택해서 살 수밖에 없게 되었다. 현대인의 정신적 빈곤, 고민, 방황 등 여러 심각한 문제들은 이러한 상황이 낳은 결과일 것이다.

　이런 상황은 결국 우리로 하여금 틸리히 자신이 지적하듯이, 신의 존재에 대한 문제는 논증을 통해 얻어지는 결론이 아니라 논증의 전제라는 입장을 생각나게 한다. 즉 틸리히의 신관은 어떤 것을 신으로 섬길지에 대해 미리 예단하고 합의가 있어야 하는 것이 아닌가 하는 문제를 야기한다. 실제로 바로 이러한 문제점을 틸리히 자신도 잘 알고 있고 인정했다. 그의 종교철학은 실제로 그러한 길을 선택했다. 그는 신은 신의 문제에 대한 결론이 아니라 전제라는 그의 종교철학적 입장은 이를 반영하는 말이라고 나는 생각한다. 그는 "종교철학의 두 형태"라는 유명한 논문에서, 인간 영혼에서 신에 이르는 아우구스티누스적 접근 방식과 세계의 성격과 구조로부터 미루어서 신의 존재를 입증하려는 토마스 아퀴나스적인 종교철학의 방법을 논하면서, 자신의 입장은 전자에 있다고 명확히 밝힌다. 틸리히처럼 아우구스티누스적 전통을 따르는 중세 철학자 보나벤투라(Bonaventura)는 말하기를, "진리가 존재하지 않는다고 말하는 것은 그 자체로 모순이다"고 했다. 그는 이미 진리와 신을 동일시하는 전제를 깔고 그런 말을 하고 있다. 그런 전제 아래서는 신이 존재하지 않는다고 말하는 것은 분명히 모순이다. 신은 존재 자체 혹은 모든 존재의 원천 내지 근거이고 진리의 원천이기 때문이다. 성 아우구스티누스도 말하기를, "나는 진리를 발견하는 곳에서 진리 자체이신 하느님을 발견한다"고 했다. 마찬가지로, 중세 철학자들 대다수가 이미 신을 믿는 신앙인들이었기에, 신은 존재 자체, 가치 자체, 최고선, 최고 행복이라고 미리 전제했다. 토마스 아퀴나스도 마찬가지였지만, 그래도 그는 신의 존재를 논증을 통해 객관적으로 입증할 수 있다고 믿었고 실제로 그렇게 하려고 했다. 특히 그의 다섯 가지 논증 가운데 하나는 서양 철학사에서 '존재론적 논증'(onotological argument)이라고 불리는 것인데, 바로 그러한 논리를 사용하고 있다. 하지만 그런 전제가 없는 사회나 시대에서는 안 통하는 논리라는 것도 그는 의식했다. 신은 신의 존재에 대한 결론이 아니라 전제라는 틸리히의 말은 바로 이러한 상황을 반영하면서 안셀무스(Anselm of Canerbury)의 존재론적 증명의 정신에 따라 자신의 종교철학적 길을 주장하고 있는 것이다. 나는 개인적으로 위의 두 가지 종교철학적 접근 방법이 배타적 선택의 대상일 필요가 없다는 절충적 입장을 따른다. 둘의 장점만 취하면 된다는 실용적인 입장이다.

신은 신에 대한 문제의 결론이 아니라 전제라는 틸리히의 입장에 대해 좀 더 생각해 본다. 그리스도교는 인간이 신의 모상으로 창조된 피조물이고, 인간 영혼에는 이미 신에 대한 암묵적 앎이 존재한다는 영적 인간관을 전제로 하는 입장이다. 우리는 전혀 모르는 문제에는 관심도 없고 묻지도 않는다. 우리가 신에 대한 문제의식을 가지고 고민한다는 사실 자체가 이미 우리로 하여금 초월적 존재와 진리와 선을 찾도록 부르는 신의 음성, 혹은 신의 빛(divine light)이 우리 영혼을 비추고 있기 때문이 아닌가 하는 생각이 든다. 우리가 신에 대한 문제를 제기하는 것 자체가 이미 신에 대한 모종의 암묵적 앎이 전제되어 있기 때문이라는 것이다. 아우구스티누스적인 전통과 서양 중세에서는 이러한 영적 인간관과 신관이 당연시되었던 것이다.

틸리히의 통찰에 따라, 나에게 신은 모든 존재와 가치와 의미의 근거라고 나는 말한다. 신은 모든 가치 추구의 전제이고 '무조건적인' 요소다. 존재한다는 것, 가치를 사랑하고 추구한다는 것, 우리가 의미를 추구하며 산다는 것 자체가 모두 신이라는 무조건적인 실재, 궁극적인 관심이 그 근거이고 토대이기 때문에 가능하다. 우리가 존재를 누리고 가치를 추구하는 삶을 살고 있다는 사실 자체가 이미 신을 전제로 해서 가능하다고 보기 때문이다. 신은 우리가 추구하는 가치의 토대뿐 아니라 그 완성이다. 다음과 같은 틸리히의 말을 우리는 경청할 필요가 있다.

철학과 신학에서 그것들이 포함하고 있는 진리[자체]보다 더 중요한 것은 없다. 즉 이성과 실재의 구조에서 무조건적인 요소를 인정하는 것이다. 신율적인 문화의 이념과 종교철학의 가능성이 이 통찰에 달려 있다. 어떤 무조건적인 것에서 시작하지 않는 종교철학은 결코 신에 도달할 수 없다. 근대 세속주의는 주로 이성과 실재의 구조에 존재하는 무조건적인 요소를 더 이상 보지 못하기 때문에, 신 관념이 [인간의] 마음에 어떤 '낯선 것'으로 부과되게 되었다는 사실에서 온다. 이것이 (세속화된 이성으로 하여금) 처음에는 타율적 복종을 낳게 했고 나중에는 타율성을 거부하게 만든 것이다.[1]

이 말은 근대 이성이 본래적인 존재론적 깊이를 상실하고 도구적 이성으로 타락하게 된 서구 지성사 전체의 ─그리고 오늘날 전 세계적인─ 비극에 대한 간단하면서도 깊고 날카로운 진단이다. 이 짧은 진술 하나에 틸리히의 전 사상의 핵심이 담겨 있다 해도 과언이 아니다. 그리고 이 말에는 현대문명의 병폐에 대한 그의 비판과 처방도 담겨 있다. 즉 전통사회의 타율적(heteronomy) 문화와 이에 대한 비판과 대립 속에서 형성된 근대의 자율적(autonomy) 문화가 신율(theonomy)적 차원을 회복해야 한다는 주장이다. 틸리히는 이러한 시각에서 서구 사상사 전체를 읽고 있다. 특히 그는 이성의 신율적 차원을 회복함으로써 현대문명이 처한 위기, 현대 이성이 처한 위기를 극복하려는 신념을 표현하고 있다. 그러면서 그는 19세기 후반부터 기술적 이성이 삶을 전적으로 지배하게 되는 공허한 서양 근대의 세속적인

---

[1] 같은 책, 208. 이 진술은 틸리히가 신의 존재에 대한 이른바 '존재론적 논증'(ontological argument)을 비판적이면서도 우호적으로 해석하는 가운데 한 말로서, 이에 대한 그의 좀 더 상세한 논의는 이 책 첫 장에서 소개한 바 있는 그의 논문, "Two Types of Philosophy of Religion"을 참고할 것.

종교10강: 종교에 대해 많이 묻는 질문들

자율적 문화와 이에 따른 전체주의적 정치체제가 지배하는 파괴적인 타율적 체제의 극복을 강조하고 있다.

　주목할 점은 틸리히가 말하는 이성의 신율적 차원, 어떤 무조건적인 차원의 회복은 중세적인 종교적 권위 같은 것으로 되돌아가자는 것이 아니라는 점이다. 틸리히는 그런 것은 진정한 신율(theonomy)이 아니라 현대의 잘못된 이성과 문명이 낳은 히틀러의 나치즘이나 스탈린의 공산주의 같은 전체주의적인(totalitarian) 타율(heteronomy)이다. 기독교의 내세 신앙이 환상이고 아편이라는 비판이 일리가 있다 해도, 지상천국의 꿈을 건설한다고 약속하면서 사회 전체를 동원하고 닥달하는 것은 더 심각한 환상이고 거짓이라는 사실을 20세기 현대 서구 역사는 보여주고 있다. 두 차례에 걸친 세계 대전, 수십 년의 냉전, 전 세계를 파괴하고도 남을 가공할만한 핵무기의 개발, 지구 자체의 소멸을 예고하는 환경-생태계 위기, 점증하는 빈부의 격차, 극단적 개인주의와 자유방임주의가 초래하는 심각한 문제 등의 비극적 결과를 우리는 잘 알고 있다. 서구 현대사는 이러한 사실을 우리에게 여실히, 극명하게 보여주었다. 그러면서도 우리는 아직도 정신을 못 차리고 질주하고 있는 잘못된 문명의 열차를 타고 달리고 있다. 이렇다 할 대안도 없이 달리고 있다.

　사회개혁의 꿈과 의지 자체가 나쁜 것은 아니지만, 이 꿈을 현실 세계에서 이루기 위해서는 강압적인 무리수를 둘 수밖에 없다는 사실을 우리는 깨닫게 된 것이다. 사회 전체를 총동원하고 인간의 자유를 철저히 규제하고 억압하는 전체주의의 '무리수'다. 전체주의의

무리한 실험이 초래한 폐해는 아무리 강조해도 지나침이 없다. 천상의 행복을 구하는 신앙이 환상일지 몰라도, 수단 방법을 가리지 않고 지상천국을 실현하려는 야심은 더 심한 고통을 인류에게 안겨준다는 사실을 현대사는 의심의 여지 없이 보여주었다. 천상의 행복이라는 허구를 구하면서 살 수밖에 없는 노동자들의 비참한 삶을 그 근본 원인만 제거하면 ─빈부격차, 자본주의─ 문제가 다 해결되리라는 마르크스주의의 약속, 그 오만과 독선, 그 야심과 지상 천국의 꿈을 현실에서 그대로 실현하려는 거대한 집단적 노력과 광기는 민중의 아편을 훨씬 능가하는 인간소외와 불행을 초래했다는 사실을 20세기 역사는 여실히 보여주었다.

나도 개인적으로 서구 현대문명의 위기를 초래한 주범인 세속화된 근대 이성, 철저히 도구화된 이성의 문제를 극복하는 길에 대한 틸리히의 처방에 기본적으로 동의한다. 하지만 그 구체적인 내용에서는 그의 서구사상 중심의 신학의 한계를 넘어, 동양 사상의 장점들을 살려나가면서 '종교다원적' 사상과 영성을 추구해야 한다고 본다. 그리고 신학과 과학의 대화 또한 필수적이라는 점에서 나는 틸리히 신학과 사상의 한계를 넘어서는 신관이 필요하다고 본다. 이를 위해서는, 서양 근대 세계로 오면서 완전히 길을 달리하게 된 신앙과 이성이 다시 화해하는 일이 가장 중요한 과제라고 본다. 동원 가능한 인류의 정신적 자산이 틸리히가 알고 있는 것보다 훨씬 더 풍부하고 깊다고 나는 생각한다.

여하튼 나는 개인적으로 세속화된 서구의 근대적 이성이 초래한 종교와 문명의 위기를 극복하는 일이 최우선 과제라는 점에서 틸리히와 견해를 같이한다. 획일화된 근대적 이성의 무제약적인 횡포에 대한 비판의식이 필요하고, 그 한계에 대한 철저한 반성도 필수적이다. 근대 과학적 사고가 낳은 기술화되고 획일화된 근대 이성의 횡포와 그 전적인 지배 아래 있는 근대문명이 초래한 불행한 결과들에 대한 반성도 필수적이다. 이를 위해서 나는 개인적으로 새로운 신관을 모색할 필요가 있다고 본다. 나는 이 새로운 신관을 자연적 초자연주의(natural supernaturalism)라고 부른다.

과학은 신앙의 적인가?

창조와 신의 섭리에 대하여

종교와 과학의 문제는 역사적으로 근대
과학이 발달한 서구 사회에서 먼저 등장했고, 지금까지도 많은 사람
들의 뇌리에 자리 잡고 있다. 지동설을 고집하던 갈릴레오와 교황청
의 갈등 이야기가 대표적 사례로 언급되곤 한다. 교황청이 뒤늦게나
마 이 문제에 대해서 정식으로 사과하는 데까지 수백 년의 세월이
걸렸다. 과학은 과연 종교의 적인가?

　　종교와 과학의 갈등은 세계의 창조주 하느님을 믿는 유일신신앙
의 종교들에서 더 심각하게 대두될 수밖에 없다. '창조'라는 개념 자
체가 신은 세계의 일부가 아니지만 신과 세계에는 모종의 '인과관
계'가 있음을 상정하는 세계관을 암시한다. 좀 더 정확히 말해, 세계
의 존재와 근본 성격이 결코 자명하지 않고 '자연스러운'(natural) 현
상이 아니라 배후에 자연 이외의 자연을 능가하는 어떤 초자연적인
(supernatural) 실재, 즉 창조주 하느님의 힘이 작용했다는 그리고 지금
도 여전히 작용하고 있다는 생각을 암시한다.

　　하지만 근대과학의 정신은 세계에서 발생하는 모든 사건을 설명
하는 데 어떤 '초자연적 개입'이나 영향을 도입하면 과학적 연구정신
의 배반이라고 여긴다. 적어도 '초자연적 개입'(supernatural intervention)으

로 이해되는 기적 같은 것은 과학자로서는 도저히 수용할 수 없고 연구 방법상으로 배제될 수밖에 없다고 본다. 모든 현상이 자연적으로 발생하고 거기에는 반드시 자연적 원인이 있을 것이라는 전제, 비록 우리가 지금은 그 원인을 모른다 해도, 앞으로 과학이 더 발달하면 알 수 있게 될 것이라는 전제가 있기에 과학자들은 연구에 매진한다. 자연에서 일어나는 현상은 어디까지나 자연적 인과관계에 의해 발생하기 때문에 반드시 자연적 원인을 밝혀야 한다는 것이다. 초자연적인 설명이나 주술적 설명은 과학에서 배제된다. 과학자들의 절대다수가 '초자연적' 사건의 존재 자체를 원칙적으로 부정한다. 그들은 적어도 연구 작업상으로는 '무신론적 자연주의자들'이다. 자연이 전부라고 생각한다. 세계의 창조주 하느님을 믿는 신앙은 괄호에 넣어두는 신앙인 과학자도 많지만, 어느 과학자든 적어도 연구의 방법상으로는 자연계에 신의 영향이나 개입을 배제한다. 성경에는 '자연'이라는 말 자체가 존재하지 않는다. 자연은 당연히 하느님의 피조물이라고 보기 때문이다. 이렇게 보면, 과학과 유일신신앙과의 갈등은 피할 수 없을 것 같다.

그렇다면, 창조는 정말 인과성, 즉 창조주 하느님과 피조물 세계 사이에 원인과 결과라는 인과적 관계가 있다는 말인가? 다시 말해서 창조는 우리가 생각하는 여느 사건들처럼 하나의 원인적 행위, 시간적 행위라는 말인가? 인과적 관계가 시간성을 함축하는 말이라면, 창조가 피조물의 세계라는 결과에 원인으로서 선행하는 하나의 시간적 사건(temporal event)이라는 말인데, 이게 정말 창조 개념이 뜻하는 것일까? 만약 전통적인 그리스도교 신학이나 일반인들이 생각하듯이, 창조가 하느님의 자유로운 의사에 따른 행위라고 한다면, 두 가지 대답하기 어려운 질문이 피하기 어렵게 제기된다.

첫째, 하느님은 창조하시기 전에 무엇하고 계셨냐는 질문이다. 성 아우구스티누스(St. Augustine, 라틴어 이름 Augustinus, 개신교 신자들은 '성 어거스틴'이라는 영어 이름으로 더 익숙해진)는 '그런 고약한 질문을 하는 자들을 위해 지옥을 만들고 있었다고' 한 다음 농담이라고 하면서, 그의 유명한 답을 제시했다: "God created the world not in time, but with time!" 즉, 하느님은 세계를 시간 속에서 창조하신 것이 아니라, 시간과 더불어 창조하셨기 때문에, 창조는 여느 사건들처럼 하나의 시간적 사건(temporal event)이 아니라는 것이다. 따라서 창조하시기 '전에'(시간적 개념!) 무엇을 하고 계셨냐는 물음 자체가 성립될 수 없다고 아우구스티누스는 본다.

이러한 견해는 우선 '창조과학'이라는 사이비 과학과 사이비 신학을 배제한다. 더 나아가서 현대 우주발생론에 대한 우주물리학자들 대다수가 따르고 있는 빅뱅(Big Bang)이론가들의 감탄을 자아내고 있다. 그들은 빅뱅 '이전'에는 무엇이 있었는가라는 일반인들의 질문에 대해, 빅뱅은 또 하나의 시간적 사건이 아니기 때문에 특이점(singularity)라고 부른다.

전통적인 인과적 시각에 입각한 창조론, 특히 신이 세계를 자유로운 뜻에 따라 창조하셨다는 견해에 따라 제기되는 또 하나의 어려운 문제는, 아무 부족함 없는 하느님이 도대체 무엇이 아쉬워서, 무슨 이유로 세계를 창조하셨냐 하는 질문이다. 이 질문은 더 어렵고 심각한 문제다. 내가 아는 한, 창조의 개념 자체를 바꾸지 않는 한, 이에 대한 만족할 만한 답은 없다.

서구 사상과 신학에서 창조 개념에는 전통적으로 두 가지 상이한 이해가 존재해 왔다. 하나는 우리가 어떤 물건을 만드는 제작 모델(making, manufacturing)의 개념이고, 다른 하나는 어미가 자식을 낳는 현상에 빗대는 출산(birthing) 모델의 창조 개념이다. 후자는 유출설로 잘 알려진 창조 개념으로서, 마치 태양으로부터 빛이 흘러나오는 현상처럼 창조는 신으로부터 흘러나온다는 이해다. 이러한 창조 개념에서는 창조는 신의 선택적 행위라기보다는 신의 본성적 필연이다. 따라서 창조의 이유를 물을 수도 없고 물을 필요도 없다.

성 토마스 아퀴나스도 말하기를, 신이 무슨 부족함을 채우기 위해, 다시 말해서 무엇을 얻기 위해 세계를 창조하신 것이 아니라고 한다. 신은 완벽하고 무한한 선(bonum) 자체이기 때문에, 창조는 자신의 선을 나누어 주는 행위라는 것이다. 하지만, 그의 답에는 다소 모호한 점이 있다. 하나는 창조가 신의 본성적 필연이라는 암시를 하는 듯하지만, 다른 한편으로는 정통적이고 대중적인 성서적 창조론에 따라 신이 세계를 창조하시지 않을 수도 있었지만 어떤 외적 강요도 없이 자유로운 행위로 창조하셨다는 견해다. 다만, 창조가 신의 자유로운 결정에 따른 행위라면, 무슨 이유로 창조하셨냐는 질문은 불가피하게 제기된다. 그리고 이에 대해서는 만족할만한 답이 없다. 만족할 만한 이유가 없다면, 신이 심심해서 창조한 셈이 된다는 말인데,

이는 바로 무신론자들이 하는 말이 아닌가? 차라리 힌두교 일파에서 말하듯, 창조는 신의 유희(놀이, līlā, play)라고 하는 편이 더 나을지도 모른다. 하지만 이런 견해도 결국은 세계의 존재는 아무 이유나 목적이 없다는 무의미한(meaningless) 물체 덩어리와 같다는 결론은 마찬가지다. 따라서 나는 결국 유출설적 창조론, 즉 창조는 신의 선택적 행위가 아니라 본성적 필연이라는 이해를 따른다.

이러한 창조 개념의 시조는 서구 사상이나 신학에서 신플라톤주의 철학으로 유명한 플로티누스(Plotinus)라는 4세기 초의 철학자다. 창조는 무슨 목적이나 이유가 있는 의도적 행위가 아니라 신의 넘쳐흐르는 에너지와 선의 유출(emanatio, exitus)이라는 것이다, 말하자면 어머니가 자식을 낳는 본성에 따른 자연적인 행위 혹은 현상이라는 말이다. 태양이 열을 방출하듯 창조 역시 신의 본성이다. 유교, 힌두교(방출, srsti), 노자나 장자의 도가사상 등에서도 이러한 유출설을 명시적으로 제시하지는 않지만, 유출설에 친화적인 세계의 기원을 말한다. 그리스도교 신학에서는 자유의지에 따른 창조론과 더불어 신플라톤주의의 유출설이 공존해 왔고, 마이스터 에크하르트의 신비주의 사상이나, 유대교, 이슬람 신비주의 사상에도 신플라톤주의 철학은 큰 영향을 끼쳤다. 이러한 신플라톤주의적인 사고는 거의 세계 보편적인 세계관이라고 할 수 있을 정도다. 이른바 '영원한 철학'(philosophia perrenis)이라고 불리는 것은 주로 베단타 사상이나 신플라톤주의 신관과 세계관을 두고 하는 말이다.

유출설적 창조 개념은 아버지 모델의 신관이 아니라 어머니 모델의 신관, 제작자 모델의 신관이 아니라 출산 모델의 신관으로서 창조주와 피조물, 자연과 초자연, 하느님과 자연, 신과 세계, 성과 속, 영원과 시간, 무한과 유한, 신의 초월성과 내재성의 날카로운 구별과 질적 차이나 대립을 강조하는 신관이 아니라, 범신론(pantheism) 아니면 범재신론(凡在神論, panentheism)에 가까운 신관이다. 신이 세계만물에 내재하면서도 초월하는 포월(包越)적 신관이고, 만인과 만물의 성스러움과 좋음(善, bonum), 환경생태신학에서 강조하는 만물의 본유적 가치(intrinsic value, 수단적 가치와 대조되는), 자연의 성스러움을 강조하는 창조론이다. 창조를 일회적 사건이 아니라 계속되는 지속적 창조(creatio continua)로 보는 장점이 있고, 진화적 창조론(evolutionary creation)에 친화적인 신관이고 세계관이다.

신과 세계의 관계는 전통적인 그리스도교의 교리에 따른 무로부터의 창조(creatio ex nihilo)가 아니라 신 자신으로부터의 창조(creatio ex deo)가 된다. 인간의 전 역사가 보편적 구원(universal salvation), 보편적 계시(universal revelation), 보편적 성육신(肉化, incarnation)의 역사라고 볼 수 있고, 창조와 구원이라는 그리스도교 신학의 양대 주제를 통합적 시각에서 하나의 일관된 과정으로 볼 수 있는 장점이 있다.

다시 오늘 강의의 주제로 돌아가면, 신앙인들은 물론이고 생각이 깊은 과학자들이나 사상가들 가운데는 세계의 존재와 근본성격을 통상적인 과학자들처럼 당연시하지 않는 사람이 많다. 세계는 무엇 때문에 존재하는가? 세계가 태초의 우연과 혼돈 —거의 모든 동서양의 고대 우주발생론(cosmogony)이 생각하듯이, 또 현대우주물리학자들

대다수가 세계는 '빅뱅'이라는 강력한 대폭발로 시작되었다고 생각하듯이 — 태초의 혼돈 · 혼란(chaos)의 무한한 계속이 아니라 법칙적 질서가 난데없이 어디서 왔는지, 세계가 법칙적 질서와 조화가 있는 체계(system)인 것은 무엇 때문인가? 자연과학이 그렇게도 절대적인 것으로 믿고 의존하는 자연법칙이 자연에 존재한다는 사실이 많은 과학자들이 생각하듯이 아무런 원인이 없는 '우연'이라면, 이것이야말로 큰 아이러니가 아닐 수 없다. 원인을 모른다는 말이다. 합리적 사고를 할 수 없는 '정신없는' 물질계가 간단한 수학 공식으로 깨끗하게 정식화될 수 있다는 사실이 정말 우연이라는 말인가? 우연은 과학의 적이지만, 우연이 과학자들의 신이라는 켄 윌버의 조롱이 생각난다. 또 아인슈타인의 유명한 말도 경청할만 하다: "내가 세계를 알면 알수록, 내가 알 수 없는 단 하나는 세계가 이해 가능하다는 사실이다."("The more I comprehend the world, the only thing I cannot comprehend is the fact that the world is comprehendable"). 그는 또 고백하기를, "나는 이런저런 과학적 발견에는 관심이 없다. 나는 신의 마음을 알고 싶다"고 했다. 이 유태인 과학자의 생각에는 우주의 존재와 합리적 질서의 존재는 모종의 설명을 요하는 신비다.

사실 이러한 생각은 저 멀리 그리스 철학이 태동할 때까지 거슬러 올라가는 매우 오래된 생각이다. 신학자들은 이러한 생각, 이러한 물음에 근거하여 우주에는 어떤 합리적 정신인 신, 말하자면 우주의 합리적 정신을 인정하는 이신론(理神論, deism)이라는 신관을 주창하기도 했다. 신을 우주의 이법, 질서, 조화를 설명하기 위해 도입된 가설로 수용하는 사상으로서, 아직도 이러한 신관을 인정하는 과학자들, 철학자들이 많고, 일반인들 가운데도 많다. 동양사상에서도 자연의 법칙적 질서와 이치(理)가 곧 하늘(天)이라는 생각(理卽天, 天理), 혹은 천명(天命, 하늘의 뜻)으로서의 신을 믿는 사람들이다.

다만 이 이신론의 신은 일단 우주의 이법을 제정한 후에는 더 이상 세상사에 관여하거나 개입하지 않고, 세계는 최초에 제정된 법칙에 따라 계속해서 굴러간다고 생각했다. 다시 말해서 이신론은 신이 세계를 지금도 다스리고 때때로 필요에 따라 기적을 통해 간헐적으로 개입한다거나 개입할 수 있다는 것을 부정한다. 특히 성경이나 유일신신앙에서 믿는 대로 신이 인간 역사에 지대한 관심을 가지고 관여하고 섭리하는 하느님이라는 신관을 믿지 않는다. '역사의 하느님'(God of History)을 믿지 않기 때문에. 신학자들은 이신론자들의 신을 한가한 신(deus otiosus)이라고 불렀다. 말하자면 실직자 하느님, 노는 하느님이라는 말이다. 한편, 이신론자들은 기적이나 특별 섭리를 믿는 신앙인들을 어리석다고 비판한다. 이신론의 하느님은 시계공 혹은 시계 제작자(watch-maker) 하느님(Waley라는 영국 신학자가 대표적이다)과 같다고 여기기도 한다. 가령 어떤 사람이 숲속을 거닐다가 시계 같은 물건이 있는 것을 보고, 집에 와서 분해해 보니 우연의 산물이라고 보기에는 너무나 정교하게 고안(intelligent design)된 물건이기 때문에, 틀림없이 그것을 설계하고 고안한 지적 존재가 배후에 있을 것이라는 사고다. 이신론은 이른바 '지적 설계론'이라는 것에 바탕을 둔 신관이다.

신의 존재를 입증하려는 많은 논의가 있지만, 나는 라처드슨(Richardson)이라는 철학자가 제시한 통일성의 논증(henological argumentz)을 간단히 소개하고자 한다. 리처드슨은 사물의 통일성의 원리를 세 레벨에서 — 개물·개체(individual entity), 종(species) 그리고 세계 전체(the world as a whole)에서 작동한다는 사실을 지적한다. 나는 이 논증이 상당한 설득력이 있다고 본다. 사물의 통일성은 단순히 우연이라고 보기에는 너무나 신비로운 현상이다. 태초의 혼돈(chaos)에서 질서 있는 코스모스(cosmos)가 출현하는 것이 결코 맹목적인, 그야말로 '정신없는' 물질만으로 설명이 안 된다는 이론의 발전이고 연장인 셈이다. 우주가 혼돈이 아니라 질서와 조화가 있는 체계라는 사실은 고대 그리스 철학자들 이래 거의 모든 고대 세계의 우주발생론(cosmogony)의 신화들이나 사고의 공통된 견해다. 이것은 무로부터의 창조(creatio ex nihilo)를 주장하는 그리스도교 창조론과 다른, 경청할만한 생각이라고 나는 본다. 사실, 오늘날 이신론과 자연신학(natural theology)—성경 말씀을 인간의 이성이나 지혜를 초월하는 하느님의 계시로 보면서, 신관은 반드시 계시에 기초해야 한다는 '계시신학'(Karl Barth 같은 신학자가 대표적 신학자이고 신정통주의 신학이라고 불리는)과 대비되는 신관—과 이신론이 새로운 형태로 부활하고 있다는 사실에 우리는 주목할 필요가 있다. 신의 존재를 신앙의 전제나 도그마 없이 객관적으로 논하려는 노력이라는 점에서 우리는 이러한 노력을 높이 평가할 수 있다. 논증의 설득력 문제를 떠나, 그만큼 인간의 단순한 지적 사고와 호기심에 부합하는 면이 있기 때문이 아닐까 생각한다.

결론부터 먼저 말하면, 나는 이신론을 수용하는 데는 별 문제가 없다고 생각한다. 존재하는 모든 것을 맹목적, 그야말로 '정신없는' 물질의 작용만으로 설명하려는 '유물론'은 잘못된 세계관이라고 생각하기 때문이다. 이신론은 그리스도교 신학에서 중요성이 과소평가되고 있다고 본다. 특히 칼 바르트의 계시신학 이후로 더욱 그렇다. 하지만 새로운 형태의 자연신학이 부상하고 있다. 특히 영국 신학계에서 그러하다. 생명계의 합목적적 질서는 생명체들에게는 능동성이 있기 때문에 생존을 위해 환경에 적응해야 한다는 생존가치(survival value)론으로 어느 정도 설명이 가능하지만, 능동성이 없는 물질계의 질서와 조화는 신이라는 우주의 지성을 떠나서는 설명하기 어렵다고 보는 생각은 쉽게 무시할 수 없다. 도대체 '왜' ―'어떻게'는 과학으로 설명할 수 있다 해도― 세계가 왜 그런 구조와 성격을 띠는 것인지, 그래서 과학적 탐구가 가능한 체계인지 그리고 진화의 과정이 어찌하여 물질 · 생명 · 정신이라는 일정한 방향과 목적이 있는지 하는 질문은 아직도 유효하다. 우리가 법칙적 질서가 있는 세계에서 살게 되었다는 사실은 언제나 신비롭고 설명을 요한다. 모든 자연현상을 하나의 일관된 과학 이론으로 전부 설명하는 이른바 '대통합이론'(Grand Unified Theory)이라는 것이 가능할지 나는 모르지만, 설령 언젠가는 가능하다 해도, 문제는 여전히 남을 것이다. 세계가 단 하나의 일관된 원리로 설명이 가능하다는 사실 자체는 여전히 신비롭기 때문이다.

개신교 신자들이 즐겨 부르는 찬송가 〈참 아름다워라〉 가사가 생각난다. "참 아름다워라, 주님의 세계는, 저 아침 해와 저녁노을, 밤하늘의 빛난 별, 망망한 바다와 늘 푸른 봉우리, 다 주 하느님의 영광을 잘 드러내도다." 더욱이 세계와 자연이 간단명료한 추상적인 수학 공식으로 공식화될 수 있는 법칙적 질서를 가지고 있다는 사실이 정말 '자연적'이라는 말이냐고 신앙인들은 묻는다. '빅뱅' 이후 물질의 움직임을 규제하는 물질의 법칙이 난데없이 어디서 왔는지를 물으면, 유물론은 답하기 어렵다. 신이 인간의 생사화복을 일일이 다 주관한다는 신의 **섭리**까지는 몰라도, 적어도 유물론적 세계관은 세계의 신비—존재'와 근본 '질서'와 조화—가 이해하기 어려운 사실이라는 생각에 기초한 '이신론'(deism)은 매우 오래된, 무시할 수 없는 신관이라고 나는 생각한다.

또 하나의 극한적 질문도 우리의 주목을 끈다. 도대체 이 세계는 왜 아무것도 없지 않고 존재하는가, 어째서 아무것도 없지 않고, 무언가가 존재하는가 하는 **존재**에 대한 질문은 물질계의 법칙적 질서에 근거한 자연신학과의 문제와는 다른 차원의 질문이다. 도대체 왜 아무것도 존재하지 않을 수도 있었는데 그렇지 않고 무언가가 존재하는가 하는 질문("Why is there something rather than nothing?")을 제기한 라이프니츠에 의하면, 아무것도 없다는 것이 더 단순한 설명인데, 왜 무언가가 존재하는가? 이 질문은 하이데거(Martin Heidegger)라는 유명한 현대철학자가 "형이상학이란 무엇인가?"라는 프라이부르그(Freiburg) 대학 철학교수 취임강연에서 다루고 있는 문제다. 하이데거는 무(das Nichts)를 죽음과의 대면에서 인간이 느끼는 존재의 신비와 존재론적 불안으로 보고 분석하면서 문제를 다루고 있다. 또 인도의 고전『우파니샤드』의 웃달라카라는 철학자의 유론(有論)도 유사한 질문을 던진다: 어떻게 무로부터 유가 나올 수 있는가?("How can something come from nothing?")

한 걸음 더 나아가서, 우리는 이 세계가 존재하는 것이 어떤 목적과 의미 같은 것 때문인지, 아니면 그야말로 단지 무수한 돌연변이, 즉 우연들의 연속의 결과로 어쩌다 그렇게 된 우연(chance)인지 물을 수 있다. 세계는 왜 이렇게 아름답고, 이러한 아름다움을 느낄 수 있는 존재로 구별되었는가? 우주 138억 년의 장구한 과정을 파악할 수 있는 인간 존재의 출현이 단지 엄청난 우연이란 말인가? 이 방대한 우주에서 바다의 모래알 하나만도 못한 크기의 지구라는 행성이 출현해서 생명의 잉태와 진화가 가능하고 무수한 돌연변이를 거쳐 이전 과정을 조그마한 두뇌로 파악할 수 있는 인간이라는 존재가 출현하게 된 과정이, 무신론적 진화론자들이 주장하는 것처럼 단지 돌연변이라는 무수한 우연의 연속과 자연선택(natural selection)의 원리만으로 충분히 설명될 수 있을까? 아니면 진화의 배후에 우주의 정신과도 같은 신의 인도와 섭리라는 것이 작용했을까? 도대체 왜 자연의 세계는 그토록 다양한 생명의 종들이 향연을 벌일 정도로 다채롭고 풍요롭고 생산적인가(productive)고 묻는 신학자(가령, 영국 케임브리지 대학의 폴킹혼 같은 물리학자이며 신학자)도 있다.

혹시, 우주의 전개과정에 인간출현의 원리(anthropic principle) 같은 것이 작용하지나 않았는지 하는 견해를 제시하는 사람도 있다. 우주는 처음부터 우리 인간이 출현할 것을 알고 있었다(Dyson의 말, "우주는 처음부터 우리 인간이 출현할 것을 알고 있었다", "The Universe knew that we were coming.")는 식의 생각이다. 만약 우주의 최초 조건(세 가지 힘의 기본상수)에 극히 미세한 수치라도 달랐더라면 우주의 전개 양상은 지금과는 완전히 달라졌을 것이라는 견해다. 다시 말해서, 우주는 처음부터 현재의 세계, 특히 인간 존재의 출현이 가능하게끔 미세하게 조율되었다는(fine-tuned) 이론이다. 물론, 일종의 결과론적 해석이지만, 무시하기 어려운 이론이라는 생각이 든다. 모든 과정이 처음부터 우연의 연속으로 진행되었다고 보기에는 모든 것이 너무나 정교하게 프로그램이 되어 있다는 사변적 해석이다. 우주 138억 년의 장구한 세월의 과정이, 이 모든 과정을 파악하고 설명할 수 있는 인간이라는 존재의 출현으로 귀결되었다는 놀라운 사실이 단지 우연의 결과라는 것은 설득력이 없다는 생각이다. 따라서 이른바 인간 출현의 원리(anthropic principle) 같은 것이 작용했을 것이라는 생각이다.

또 생판 모르는 타인을 위해 자신의 하나밖에 없는 소중한 목숨까지 바치는 고귀한 자기 헌신을 ―얼마 전 대구에서 어느 노인이 자전거를 타고 강변을 달리던 중 풀밭에서 공놀이를 하다가 놓친 공을 줍기 위해 한 어린이가 막 달려가다가 강에 빠져 허우적거리는 것을 보자마자 자전거를 세워놓고 즉각 물로 뛰어들어 그 아이를 구조했다는 감동적인 이야기가 있었다. 부모가 너무 고마워서 사례하려고 하자, 손사래를 치고 표표히 가던 길을 간 노신사 이야기를 텔레비전에서 본 적이 있다― 우리는 이것을 어떻게 설명할 수 있을까? 도킨스 같은 무신론자들의 '이기적 유전자'론(Selfish Gene)으로 설명할 수 있을까? 최근 최재천 교수가 어느 학회에서 한 말이 생각난다. 다윈은 상호 협동성도 강조했다는 것이다. 옳은 지적이지만, 문제는 오늘날 유행하고 있는 생물학적 인간관으로는 인간만이 가진 이러한 자기 희생의 도덕성을 설명하기 어렵다는 점이다. 맹자의 '유자입정' 이야기가 생각난다. '측은지심'은 인간이 본래부터 타고난 본성, 즉 하늘이 부여한 인간의 본성이라는 것이다. 또 칸트의 유명한 말도 생각하게 된다. "생각할수록 감탄을 자아내는 신비한 것이 둘이 있는데, 하나는 밤하늘을 수놓은 별들의 향연이고, 다른 하나는 인간의 마음에 새겨진 양심이다"라는 칸트의 『실천이성 비판』에 나오는 말이다.

이러한 세계와 인생의 신비는 예부터 철학자들이나 사상가들로 하여금 실재(reality)란 물질, 생명, 도덕, 종교, 영성 등 다차원적이고 (multi-dimentional) 복잡한 성격을 띤다고 생각하게 만들었다. 적어도 이 다차원적 세계를 아무런 방향도 목적도 없는 순전히 맹목적인 '물질'의 차원으로만 끌어내려 설명하는 환원주의적인(reductionistic) 설명 내지 사고를 거부하게 했다.

나는 이 일련의 질문들, 쓸데없는 사변적 질문 같지만 인생을 바꾸어 놓을 만한 질문들을 '극한적 질문'이라고 부른다. 오직 인간만이 이러한 질문을 할 수 있는 특권을 누린다. 나는 이 물음들 모두가 우리가 무시하거나 거부할 수 없는 어떤 초월적 실재의 부름이라고 생각한다. 적어도 물질 이상의 어떤 초월적 실재가 자신을 닮은 인간으로 하여금 자기 초월과 세계 초월을 하도록 부르는 음성이고 초대일

지도 모른다는 것이다. 만약 이러한 부름이 어떤 의미가 있다면, 나는 진화냐 창조냐 하는 문제의식은 이미 낡은 생각의 산물이라는 생각에 따른 것이라고 생각한다. 나는 '진화적 창조'(evolutionary creation)론에 따라, 창조의 전 과정이 결국 신이 자기를 닮은 아들딸을 낳는 진통의 과정이라는 생각이 가능하다고 생각한다. 다른 말로 하면, 신은 세계창조를 통해서 자신을 닮은 인간을 출현시켰고, 인간의 출현은 세계를 통해서 신이 자신을 알도록 했다는 목적론적(teleological) 세계 이해가 가능하다는 것이다. 이 전 진화적 창조의 과정은 결코 믿기 어려운 단순히 무수한 우연의 연속이 아니라 물질·생명·의식(정신)의 출현이라는 일정한 '방향과 목적과 의미'가 있는 과정이라는 과감한 '형이상학적 가설'이 가능하다는 생각이다. 나는 개인적으로, 바로 이러한 진리를 깨닫고 말하기 위해서 이 세상에 태어나서 지금까지 한평생을 산 것이 아닌가 하는 생각을 가끔 하곤 한다. 위대한 착각일지도 모르고, 자기 위안의 생각일지도 모른다.

신앙인들은 과학이 인간의 행복에 공헌한다는 명백한 사실을 부인하지 않지만, 적어도 '과학주의적인'(scientism) 사고나 무신론적 자연주의(atheistic naturalism)로는 세계와 인간에 대해 설명하기 어렵다고 본다. 과학만으로 풀리지 않는 의문들이 너무나 많다고 여기기 때문이다. 앞으로 과학이 제아무리 발달해도 풀리지 않을 것이라고 본다. 적어도 과학자들은 우리가 어떻게 과학의 법칙적 설명이 가능한 세계에서 살게 되었는지 자체를 과학적으로 설명하기는 어렵다. 설령 이른바 '대통일이론'(GTU: Grand Unified Theory) 같은 것이 가능하다 해도, 문제는 여전히 남는다. 어떻게 우리는 그러한 통일적 이해가 가능한 세계 속에 살게 되었는가 하는 문제다.

　과학자들 가운데는 세계가 스스로 설명 가능하다고 믿는 무신론자도 있지만, 대다수 과학자들은 이런 무신론자들처럼 ―그야말로 꽉 막힌 기독교 신자들, 창조과학이라고 불리는 사이비 과학 내지 사이비 신학의 추종자들을 꼭 닮은― 과학주의의 신봉자가 아니다. 과학은 본성상 한 사건이나 현상의 기계적(mechanical) 원인, 즉 시간적으로 앞선 것이 나중 것의 원인이 된다는 사고에 따라 '어떻게'(how)라는 인과적 관계를 탐구하는 것은 사실이지만, 도대체 '왜'(why) 우리가 애당초 질서와 조화가 있는 세계에서 살게 되었는지, 도대체 왜 과학적 이해나 설명이 가능하도록 법칙적 질서가 존재하는 세계가 되었는지 하는 사변적인 생각도 과학자들은 무시할 수 없다. 세계에 대한 목적론적 사고를 무조건 무시하지는 않을 것이다. 물론 과학적 연구에 종사하는 과학자들은 방법론상 이러한 목적론적 사고를 배제할 수밖에 없다. 그리고 이러한 과학적 사고와 기계론적 세계관의 영향 아래 살고 있는 현대인들 대다수 역시 세계가 법칙적 질서가 존재하는 목적이나 의미 같은 것에 대해서 별 관심이 없다. 하지만 현대인들이 유례없는 물질적 풍요에도 불구하고 삶의 무의미성(meaninglessness of life)을 느끼며 사는 이유도 세계 자체가 목적과 의미 같은 것이 사라진 곳이 되어버렸기 때문이 아닐까 생각된다. 아인슈타인 같은 위대한 과학자가 남긴 유명한 말은 한 번쯤 깊이 생각해볼 만하다.

현대과학은 두 가지 형태의 인과성을 조심스럽게 말하고 있다. 부분들이 전체에 미치는 영향을 가리키는 상향적 인과성(bottom-up causality)과 전체가 부분의 변화를 초래하는 하향적 인과성(top-down causality)이다. 나는 신에게는 하향적 인과성, 즉 세계 전체를 아우르는 일반섭리가 무수한 부분들에 대한 특별섭리에 우선한다고 본다. 문제는 신의 일반섭리가 무수한 부분들, 즉 개별 사건들에게 어떻게 그리고 어떠한 영향을 주는지 우리가 구체적으로 알 수 없다는 데 있다. 하지만 성서적 신앙에 따라 역사의 하느님(God of History)을 믿는 신앙인들에게는 특별섭리의 문제는 신앙의 사활이 달린 문제다.

진화론은 무수한 돌연변이의 연속과 자연선택의 원리로 생물의 장구한 진화 과정을 설명하지만, 이 돌연변이의 배후에 더 깊은 신의 섭리 같은 것이 숨어있지나 않은지 그리고 신학자들 가운데는 물질에서 생명이 출연하고, 생명에서 의식을 지닌 인간이 출현하는 진화 과정에 분명히 어떤 일정한 방향이 있다는 점에서 어떤 목적과 의미 같은 것이 존재한다고 생각하는 진화적 창조를 말한다. 하지만 과학자들은 보통 이런 생각에는 별 관심이 없고, 관심이 있다 해도 과학이 다룰 문제는 아니라고 생각한다.

하지만 이 방대한 우주를 포함해서 자그마한 현상에 이르기까지, 이 모든 것이 도대체 왜 존재하는지, 그 목적과 의미가 무엇인지를 묻는 물음이 아무리 사변적이라 해도 피할 수 없다. 얼마 전에 강남에서 개업을 하고 있는 한 치과의사 친구 부부의 초청으로 저녁 식사를 함께한 적이 있다. 그 부부가 같이 하는 말, 도대체 왜 사는지,

왜 존재하는지 의문이 든다는 것이다. 나는 답을 모르지만, 나도 그러한 생각을 할 때가 많다고 했다. 나는 세계와 인생의 '거대의미'(소소한 의미들은 얼마든지 가능하지만)에 대한 관심을 가진 사람들을 좋아한다. 그러면서 나의 생각의 일단을 피력한 적이 있다. 세 가지를 생각할 수 있다고 했다. 첫째는 '모른다', '모든 것이 순전히 우연인 것 같다'이다. 둘째는 불교의 연기론적 세계관이다. 어떤 현상이든 무수한 원인이 있기 마련이지만, 그 세세한 원인과 결과, 즉 내가 왜 하필 지금 여기에 존재하여 이런 일을 하고 사는지, 원인과 의미, 목적 같은 것은 알 수 없다는 입장이다. 셋째는, 세상에는 인간적으로 보면 나 자신에 비해 아주 보잘것없이 열악한 환경 속에 살면서도 하느님께서 무슨 이유가 있어서 나를 여기 이곳에 어려운 환경 속에 살도록 하셨을 것이라는 소박한 믿음을 가지고 남을 도와가면서 열심히 사는 사람들이 있다는 것이다. 그리고 나는 개인적으로 이런 사람들을 제일 존경한다고 말했다. 그런 사람이야말로 진짜 신앙인, 진짜 영웅, 내가 진짜 존경하는 '인생의 사표'들이라고 생각한다고 말한 기억이 난다.

여하튼, 이런 거대의미의 문제를 제기할 정도로 관심이 있다면, 우리가 어떻게 답을 하는가에 따라 유신론과 무신론, 우주의 정신이나 신의 섭리 같은 것을 인정하는 세계관과 모든 것이 단지 우연일 뿐 결국은 모든 것이 궁극적으로는 맹목적인 물질의 장난일 뿐이라고 생각하는 유물론적 사고의 차이다. 나는 개인적으로 전자의 입장을 따르고 그러한 세계관을 옹호하려고 하지만, 대다수 과학자들은 암묵적인 유물론자들이다.

그리스 철학자들 가운데는 우주에는 합리적 질서가 존재한다는 사실이 결코 단순한 우연이 아니고 어떤 합리적 지성 내지 로고스(logos) 같은 것이 존재한다고 생각했다. 이에 영향을 받아 그리스도교에서는 그런 현상을 유신론적으로 설명하는 자연신학(natural theology)이라는 것을 발전시켰다. 이런 자연신학에 근거해서 신의 존재를 논증하는 신관은 이신론(deism)이라고 해서 현대 신학계에서는 홀대를 받고 있지만, 최근에는 자연신학에 대한 관심이 새롭게 부상하면서 과학과 종교의 대화도 활발하게 진행되고 있다. 예수 그리스도나 성서 말씀을 통한 신의 특별한 계시가 주어졌다고 믿는 초자연적 진리(supernatural truth)에 근거한 계시신학이 그리스도교 신학의 대세지만, 자연신학의 부활과 새로운 유형의 자연신학에 대한 관심도 부활하고 있다는 사실에 우리는 주목할 필요가 있다. 나 자신도 요즘에는 이러한 새로운 형태의 자연신학에 관심이 많이 가지만, 과학적 지식이 부족함을 절감하면서 한탄하고 있다. 다시 태어난다면, 자연신학과 현대과학을 좀 더 깊이 공부하고 싶다는 마음이 크다.

현대과학은 세계를 하나의 기계와 같은 체계로 보는 갈릴레오나 뉴턴식 고전 물리학의 기계론적 세계관을 뛰어넘은 지 이미 오래다. 아인슈타인의 상대성 원리를 비롯해서 미립자들의 세계에 대한 양자역학의 놀라운 통찰들 그리고 빅뱅 우주론 등은 신과 세계의 관계나 신의 섭리에 대해 새로운 사고와 이해의 지평을 열어주고 있다. 비록 과학이 인류의 행복에 많은 기여를 했다는 사실을 부정할 사람은 없겠지만, 현대과학자들 가운데는 과학만능주의를 믿는 사람은 그리 많지 않을 것 같다. 무수히 쏟아져 나오는 연구 논문들에도 불구하고, 과학은 아직도 인간의 신체라는 유기체가 어떻게 작동하는지조차 잘 모른다는 사실 하나만 보아도 —요즈음 코로나 19라는 눈에 보이지 않는 존재가 세계 문명과 질서를 뒤흔들고 있지만— 과학에 대한 과도한 믿음이나 맹신은 금물이다. 과학이 세계와 인간에 대해 모든 진리, 최종적 진리를 독점한다는 과학주의의 맹신은 신앙인들의 맹신 못지않게 경계해야만 한다.

5강의 주제는 창조론과 더불어 신의 **섭리**의 문제이지만, 섭리론은 창조론과 무관하지 않다. 창조는 단 한 번의 행위로 모든 것이 끝나 버린 것이 아니라, 신은 자신이 창조한 세계를 지속적인 관심을 가지고 섭리하고 인도하시는 분이라고 창조주 하느님을 믿는 신앙인들은 생각하기 때문이다. 이러한 섭리의 문제는 이신론만으로는 해결되지 않는다. 하느님의 섭리는 역사의 하느님(God of History), 즉 개인이나 한 특정 집단의 삶과 역사에 관심을 가지고 관여하고 개입하는 하느님의 행위(act of God, God as agent)를 믿고, 신을 행위의 주체라 여기기 때문이다. 이러한 역사의 하느님을 부정하는 이신론(理神論), 즉 신은 세계의 이법(理法) 내지 질서를 설계하고 제정하신 후 세계가 마치 시계처럼 한 치의 오차도 없이 자동적으로 작동하도록 세상사에 더 이상 관심을 가지고 관여하지 않고, 해서도 안 되고, 할 수도 없다는 신관을 믿는 신앙도 중요하지만, 신앙인들은 그 이상으로 개인의 삶이나 인간의 역사를 주관하고 기도를 들어주시고 응답하시는 하느님을 믿는다. 그렇다면 신은 어떻게 개인이나 특정 집단의 역사에 관여하시는지, 과연 신은 우리의 기도를 들어주시는 분인지, 과연 신의 행위라는 말이 무엇을 뜻하는지 등 수많은 난제가 답을 기다린다.

우리는 그리스도교 신학의 전통에 따라 신의 섭리를 일단 일반섭리(general providence)와 특별섭리(special providence)로 구별해서 논할 필요가 있다. 성서적 인격 신관에 바탕을 둔 유일신신앙에서는 신은 인간의 역사에 지대한 관심을 가지신 분이고, 역사를 주관하시다가 종말에 가서는 역사를 심판하시는 주님이다. 따라서 하느님 자신이 창조한 자연 세계의 법칙적 질서를 편의적으로 어기지 않으면서 어떻게 하느님이 그의 섭리와 뜻을 이루시는지가 문제의 핵심이다. 성서적 인격 신관은 신이 인간과 유사하게 행위의 주체(actor, agent, God who acts in history)라고 생각한다. 행위의 주체라는 말은 신이 인간과 마찬가지로 사건·사물에 영향력을 행사한다는 말이다. 토마스 아퀴나스는 세계를 창조하고 섭리하는 신은 세계에 발생하는 모든 현상, 모든 사물, 모든 사건의 제일차적 원인(primary cause)이라고 한다. 신은 동시에 제이차적 원인(secondary cause)이 되는 피조물들을 통해서도 행위하고 세계를 섭리한다고 그는 생각했다.

신이 모든 변화와 운동의 제일차적 원인(prima causa)이라는 것은 물론 창조주 하느님 신앙의 자명한 진리와도 같지만, 이를 믿는다 해도, 신이 어떻게 제이차적 원인들을 통해서 세계를 섭리하는지가 문제의 관건이다. 이 둘의 관계는 어떠할까? 신을 닮아 자유로운 의지로 행위하는 우리 인간과 마찬가지로, 성서적 신앙에서는 신이 자유로운 행위의 주체(agent)라고 본다. 문제는 신이 어떻게 잡다한 이차적 원인들에 영향력을 발휘하는가에 있다.

우리는 신의 행위와 인간의 행위 사이의 관계는 나중에 논하기로 하고, 먼저 신의 행위가 피조물들의 세계에 발생하는 사물과 사건들에 어떻게 영향을 미치는지에 대해 생각해 보자. 근대 과학적 세계관에 따르면, 세계는 엄격하고 빈틈없이 작용하는 인과율(因果律)의 지배 아래 있다. 세계는 마치 한 치의 오차도 없이 작동하는 기계와도 같아서, 그것을 구성하는 부분들이 서로 물고 물리면서 연쇄반응을 일으키는 인과관계로 얽혀 있다. 따라서 이러한 세계에서 신이 한 부분 즉 무수한 개인의 삶과 개별사건에 자신의 뜻을 이루기 위해서 행위를 한다는 것에 대해 과학적 상식과 사고에 길들여진 현대인들은 대체로 회의적이다. 비록 이런 기계론적 세계관이 갈릴레오나 뉴턴이 완성한 고전물리학이 아인슈타인의 상대성원리나 양자역학에 의해 패러다임의 전환을 겪고 있다지만, 아직도 현대인들의 일반적 사고는 여전히 고전 물리학의 기계론적 사고, 인과적 사고를 따른다. 성서적인 역사의 하느님 신앙, 특히 하느님의 특별섭리가 의심을 받는 것은 바로 이러한 기계론적 고전적 물리학적 사고 때문이라 해도 과언이 아니다. 기계론적 사고나 세계관에 따르면, 신이 사물의 변화에 개입할 여지는 전혀 없다. 기적이나 기복신앙이 끼어들 여지가 배제되고, 역사의 하느님은 존재하나 마나 한 존재가 된다. 이신론(deism)의 한가한 신(deus otius, 실직자 하느님!)만 겨우 맹맥을 유지할 정도다.

신의 특별섭리와 행위에 대해 우리가 우선 주목해야 할 점은 사물이 물리적 인과관계로 얽힌 세계에서는 신도 하나의 사건에 영향을 주려면 그 사건을 둘러싼 다른 수많은 사건들에게도 영향을 미칠 수밖에 없다는 사실이다. 신이 비록 이 모든 현상의 일차적 원인이라고 해도, 신이 어떻게 무수한 이차적 원인들에게 영향을 행사하는지가 문제의 관건이다. 신이 역사를 주관하고 역사의 움직임과 시간의 세계에 구체적인 영향을 미치려면, 신도 우리 인간의 행위처럼, 어떤 한 특정한 사건에 영향을 주는 특별섭리의 행위에 앞서 그 사건과 사물을 둘러싼 무수한 요소들, 즉 환경 전체, 역사 전체, 세계 전체에 어떤 식으로든 영향력을 행사할 수밖에 없다. 다른 말로 하면, 세계 전체를 향한 그의 일반섭리가 개별 인간이나 인간사에 대한 특별섭리에 대한 관심보다 우선할 수밖에 없다는 사실이다. 우리는 우선 이 것을 신의 섭리의 문제에 대한 근본 원칙의 하나로 인정해야 한다고 본다. 신의 특별섭리의 행위가 가능하다 해도, 우리는 그것을 어디까지나 일반섭리의 테두리 내에서 이루어지고 이해해야 한다고 보아야 한다는 원칙도 수용해야 한다.

우리는 인과성이 반드시 부분에서 전체에 영향을 미치는 상향적 인과성일 필요가 없고, 전체에서 부분들에 영향을 미치는 하향적 인과성도 얼마든지 가능하다는 점을 언급했다. 미국 신학자 고든 카우프만(G. Kaufman)에 따르면, 신에게는 창조에서 구원에 이르기까지 역사 전체, 세계 전체를 아우르는 단 하나의 일반섭리의 행위인 주행위(master act)가 있고, 신은 이 주행위의 틀 내에서 무수한 부차적 행위들

(subacts)을 행한다고 그는 생각한다. 무수한 하향적 인과성의 행위들이다.

우리는 신의 섭리에 관한 인과성의 문제를 대승불교의 화엄사상에 따라 새로운 각도에서 볼 수도 있다. 인과관계가 반드시 상향적 인과성일 필요가 없고 전체에서 부분들에 영향을 미치는 하향식(top-down) 과정일 수도 얼마든지 가능하다는 점을 우리는 이미 지적했지만, 사실 어쩌면 세상에서 발생하는 모든 사건, 모든 현상은 실제로 하향식 인과관계의 그물망 속에서 발생할지도 모른다. 특히 세계의 제일원인으로서 신의 존재를 인정하지 않는 연기적 사고에서는 그럴 수밖에 없다. 신은 어떤 특정한 사건을 위해서 세계 전체를 움직이는 일반섭리를 행사하기보다는 그 역일 수가 있다. 이것은 특히 불교의 연기적(緣起) 사고에서 보면 더욱 분명하다. 대승불교의 화엄 철학의 세계관에 따르면, 사건 하나하나는 모두 인다라망(Indra's Net)에 달린 구슬들처럼 서로를 비추고 반영하도록 연계되어 있다. 화엄 철학은 이를 사사무애(事事無碍)의 세계라고 부르며, 세상에는 고립된 존재란 처음부터 존재하지도 않는다고 본다. 이에 따라서 나는 세계가 상향식 인과성보다는 하향식 인과성이 우선하고 더 지배적이라고 본다. 만약 그리스도교 신학이 이러한 불교의 연기적 사고를 알았더라면, 아니 지금이라도 수용한다면, 신의 섭리의 문제에 대해 획기적 사고의 전환이 가능하게 된다는 것이 나의 생각이다. 신의 섭리는 상향적 인과성보다는 하향적 인관성이 지배한다는 통찰이 가능하다.

상향적 인과성의 가장 좋은 예는 인간의 신체다. 원자가 모여 분자를 이루고, 분자들이 일정구조로 모이면 세포를, 세포들이 모여 하나의 장기 그리고 여러 장기들이 모여 신체를 형성한다는 사실을 우리는 잘 알고 있다. 우리가 이런 상식에 따라 생각해도, 세계 전체를 향한 신의 주행위, 즉 일반섭리가 무수한 부분적 사건, 사물, 현상, 개인들을 향한 특별섭리의 행위들, 부행위들에 우선할 것이라고 생각한다. 이 과정은 또 목적론적 사고의 타당성을 전제로 하고 있다는 사실에 우리는 주목할 필요가 있다. 원자 · 분자 · 세포 · 장기 · 유기체적 신체가 형성되는 데는 반드시 부분들이 일정한 형태로, 질서가 있는 방식으로 집합되어야 한다는 대전제가 있기 때문이다. 자연과학을 하는 사람들은 이런 질서를 당연시할지 모르지만, 목적론적 사고를 하는 신학자들에게는 질서와 일정한 형태의 존재는 결코 당연한 현상이 아니다. 유기체의 형성은 하향적 인과성이 지배하는 목적론적 질서의 세계다. 전체가 부분들의 움직임을 규제하는 질서로서, 신학적으로 말하면 신의 일반섭리가 특별섭리에 우선한다는 것과, 특별섭리를 이해하기 위해서는 어디까지나 일반섭리의 테두리 내에서 이해해야 한다는 원칙도 우리는 확인할 수 있다.

문제는 우리가 신의 일반섭리를 안다 해도, 그것이 어떻게 그리고 어떠한 영향을 무수한 개별적 사건이나 현상에 미치는지에 대해 우리가 잘 알 수 없다는 사실이다. 아무래도 이것은 우리의 지식을 능가하는 신의 영역으로 남겨둘 수밖에 없다는 생각이다. 나는 다시 한번 신의 섭리에 대한 생각을 정리해서 다음과 같은 몇 가지 원칙을 확인하고자 한다. 첫째, 특별섭리에 관한 한, 나는 신앙주의(fideism)의 입장을 견지한다는 원칙이다. 어느 한 사건이 제아무리 특별하고, 그 야말로 극히 '예외적'이고 '기적적'이라 해도, 신의 일반섭리를 벗어나 지 않는다는 것이다. 우리는 신이 그 사건을 위해서 세계 전체를 향 한 일반섭리를 바꾸는 일은 없을 것이라고 생각한다. 둘째, 따라서 우리는 그 사건이나 현상을 어디까지나 신의 일반섭리의 배경 혹은 테두리 내에서 이해해야 한다는 원칙이다. 셋째, 하지만 우리는 신의 일반섭리가 무수한 개인이나 개물에 대한 특별섭리들, 개인들이 삶 에서 겪는 상이한 운명과 사건들 하나하나에 구체적으로 어떻게 그 리고 어떠한 영향을 미치는지 알 수 없다는 원칙이다. 따라서 우리 는 어떤 것이 신의 자신을 위한 특별섭리라고 함부로 판단하고 말해 서는 안 된다. 우리가 특별섭리에 대해서는 '신앙주의'의 원칙을 따르 는 이유다. 우리가 경험하는 어떤 특별한 사건이 신의 특별섭리에 따 라 발생한다는 것을 우리는 입증할 수 없고, 그럴 필요도 없고, 입증 하려고 해도 안 된다는 입장이다. 무엇보다도 우리는 '신앙 간증'이라 는 이름으로 자신의 신앙에 대해 모르는 것을 아전인수격으로 늘어 놓아서는 안 된다. 우리는 단지 그것을 소박한 개인적 믿음으로 소중 히 간직해야지, 우리나라 교회들에서 흔히 보는 '신앙 간증'이라는 이 름으로 마구 떠들어대지 말아야 한다는 생각이다. 자칫 하느님의 이 름을 망녕되게 부르는 행위가 될 수 있기 때문이다.

신의 섭리가 제기하는 또 하나의 어렵고 중요한 문제 가운데 하나 는 신의 섭리가 인간의 자유와 모순된다는 주장이다. 신의 섭리가 앞 으로 일어날 모든 사건을 예견한다면 —providence(providere)라는 말의 문자적 의미— 신의 앎은 미리 앞을 내다보는 예견이라도 오류가 없을 것이기 때문에, 결국은 모두 그대로 이루어질 것이다. 그렇다면 인간의 자유는 설 자리가 없다는 결론이 따른다. 인간의 자유는 허구라는 말이 된다. 따라서 우리는 자신의 행위에 대해 책임을 지지 않아도 된다는 말이 된다.

이 문제에 대한 가장 잘 알려진 대응은 신의 섭리와 인간의 자유가 모순이 아니라는 입장이다. 이를 논증하기 위해서 바둑 게임을 예로 드는 사람이 많다. 바둑의 고수와 하수가 바둑을 둘 때, 하수는 상대방이 어떻게 둘지 한두 수 정도는 예견하지만, 고수는 훨씬 더 많은 수를 예견하기 때문에 항시 이긴다. 그렇다고 고수가 하수의 행위를 강요하는 것은 아니다. 하수는 어디까지나 자신의 실력과 의사에 따라 바둑을 두지만, 결국은 고수가 원하는 대로 바둑 게임은 결판나는 것과 유사하다는 비유다. 그리스도교에서 신의 섭리에 대한 가장 강한 주장은 장로교회의 창시자 칼뱅의 예정론(predestination)인데, 예정론을 주장하는 신학자들 가운데서도 이 바둑 게임과 유사한 논리를 사용하여 예정설과 인간의 자유가 모순이 아님을 주장하는 사람도 있다.

'역사의 하느님'을 믿는 신앙이 제기하는 또 하나의 문제는 신정론(theodicy)의 문제, 즉 도덕적 부조리, 선한 무고한 자가 겪는 고난이나 고통을 우리가 어떻게 이해해야 할 것인가 하는 문제다. 이에 대해 잠시 생각해 보자.

첫째, 우리는 고통이 선과 우리가 행한 악에 정비례해서 주어지는 세계를 가상해볼 수 있는데, 그런 세계가 정말로 존재한다면, 그것이 지금 우리가 사는 세계보다 반드시 좋은 세계일까? 그런 세계에서는 '순수한' 선은 불가능하다. 보상을 노리는 선행과 벌이 무서워서 피하는 악행만 있을 것이다.

둘째, 고통과 행복은 불가분적이라는 논리도 도움이 된다. 고통이 없는 세계에서는 기쁨도 즐거움도 없다. 그렇다고 우리는 하느님이 왜 고통도 즐거움도 없는 세계를 만들지 않았냐고 불평이라도 해야 한다는 말인가? 그런 세계는 우주에 얼마든지 있다.

셋째, 악에는 자연악과 도덕악 두 가지가 있는데, 도덕악은 인간에게 주어진 자유의 오용에서 온다는 전통적인 견해는 여전히 설득력이 있다. 만약 우리에게 자유가 없다면, 선악시비는 모두 불가능하고 의미가 없을 것이다. 선과 악의 구별은 인간의 자유를 전제하지 않는한 무의미하다. 아무도 개의 행동에 대해 선악의 범주를 적용하지 않는다. 자유가 없다면 행위에 대한 책임도 없게 된다. 오직 강요된 선, 강압된 악만 존재할 것이다.

그럼에도 물론 인간이 누리는 자유의 대가가 때로는 너무 끔찍하기 때문에, 차라리 인간에게 자유가 없다면 하는 생각이 들 때가 있다. 그렇다고 우리는 정말로 자유가 존재하지 않는 세계가 있는 세계보다 더 바람직하고 좋다고 생각할 수 있을까? 선도 악도 없는 세상, 자발적인 선이 불가능한 세계, 따라서 선이 존재하지 않는 세계, 자유로운 존재인 인간이 아예 없는 세상이 더 좋은 세상이라고 하느님께 불평이라도 해야 한다는 말인가? 그런 세계는 이 방대한 우주에 얼마든지 존재하지 않는가?

넷째, 고전 물리학의 기계론적 사고나 결정론적 세계관은 이미 낡은 과학이고 사실이 아니다. 자연의 엄격한 인과적 법칙과 질서에도 불구하고 인간의 자유로운 행위가 가능하다면, 신의 자유도 그러지 못한 이유는 없을 것 같다.

어렸을 적에 나는 교회 장로님들이 대표기도를 할 때 습관적으로 하시던 말, '만세 전부터 예비하신'이라는 말을 많이 들었지만, 내가 가장 싫어하는 기도 말 가운데 하나였다. 지금 나이가 들어 지나간 삶을 되돌아보며 곰곰이 생각해 보니, 일리가 있다는 생각이 든다. 나는 몇 년 전에 1년간 일본에 체류한 적이 있는데, 어느 고서점에서 내가 좋아하는 작가 엔도 슈샤쿠(遠藤周作)의 자전적 문고판, 『나에게 신이란?』 제목의 책을 발견한 기쁨에 구입하자마자 집에 와 대번에 다 읽었던 기억이 있다. 특별섭리의 신앙체험 같은 이야기는 없었고 주로 자기 삶을 돌아볼 때 하느님의 '보이지 않는 손길'이 있었음을 느낀다는 식의 일반적 통찰이었다. 다소 실망했지만, 지금 생각해 보니 나더러 그런 책을 쓰라 해도, 그 정도의 신앙고백에 머물 것 같다는 느낌이 든다. 프랭크 시나트라(Frank Sinatra)가 부르는 〈My Way〉의 가사에 '내 식으로 살았다'는 말(I did it my way!)이 있는데, 그 노래가 너무 좋아 듣고 또 들은 적이 있었지만, 지금은 아니다. 나는 차라리 "이제껏 내가 산 것도 주님의 은혜다"는 겸손한 고백이 담긴 〈Amazing Grace〉를 더 좋아한다. 만약 나에게 죽음이 임박한 순간이 다행히 희미한 기억력이라도 남아 있다면, "잃었던 생명 찾았고, 광명을 얻었네"("I was lost, but now I am found; I was blind but now I see")는 신앙의 진수가 담긴 말을 마음속으로 되뇌이면서 삶을 마감할 수 있다면 좋겠다는 생각이 든다. 선도 악도 개인이 한 것이 아니고, 개인의 책임이나 공로만이 아니라는 생각이 살아가면서 점점 더 강해진다.

마지막 다섯째로, 나는 신정론의 문제에 대해 그리스도교의 종말론적 희망의 신앙에 호소하는 길을 생각해 본다. 개인사든, 인류 역사든, 전체가 드러나는 시점에서야 그 최종적 의미가 드러나는 법이다. 우리가 사는 동안, 한 개인의 삶의 의미는 삶이 끝나는 시점, 즉 어느 정도 한 사람의 삶의 전체적 윤곽이 드러나는 시점이 되어야, 비로소 그가 산 삶의 의미도 제대로 평가할 수 있듯이, 특별섭리에 대한 믿음도 한 개인이나 집단의 역사가 어느 정도 마무리되는 시점에서 드러나는 법이다. 하느님의 일반섭리와 세계 전체 역사의 윤곽이 어느 정도 드러난 종말의 순간에 이르러야 우리가 산 삶 전체를 되돌아볼 수 있고 그 의미가 드러나며 역사의 의미도 깨닫게 되는 것이 아닌가 하는 생각이 든다. 그때 비로소 우리는 '회고적 시각'(retrospective perspective)에서 '신앙고백'을 할 수 있을 것 같다. 그때에야 비로소 우리는 나를 향한 신의 특별섭리를 믿는 마음으로 내 삶의 참다운 의미는 물론이고, 내가 아는 기독교라는 종교와 인류 문화와 역사의 의미에 대한 윤곽도 느낄 것이고, 나의 삶과 역사 전체의 의미도 더 드러날 것이라고 생각한다. 그리고 회고적 시각에서 이 '의미'를 신앙고백의 언어로 고백할 수 있을 것 같다. 신의 '특별섭리'가 과연 작용했는지 고백할 수 있을지도 모른다. 사실, 성경에 등장하는 수많은 특별섭리의 이야기들은 거의 다 이러한 차원의 사후고백 내지 회고적(retrospective) 시각에서 나온 이야기들이라는 사실을 기억하자.

나는 하느님의 특별섭리 자체를 결코 부정하지 않는다. 다만 신앙주의(fideism)의 입장을 견지한다는 점을 다시 한번 강조하고 싶다. 어떤 사건이 하느님의 특별한 섭리와 은총으로 일어난 것인지를 함부로 떠들지 말자는 입장이다. 다만 자기가 산 삶의 전체적 의미가 드러나기 전에, 어느 정도라도 깨닫기 전에, 하느님의 이름을 망녕되게 부르지 말자.

예정론을 주장할 정도로 누구보다도 하느님의 섭리를 깊이 믿었던 칼뱅의 고백을 인용하면서 강의를 마친다: "일이 좋은 방향으로 되었을 때 감사한 마음을 갖는 것, 역경 가운데 인내하는 것, 미래에 대한 불안으로부터 자유롭게 되는 것은 바로 이러한 섭리의 지식에서 온다."

제6강

종교다원주의의 이해

그리스도교 신학은 역사적으로 세 번의 근본 패러다임의 변화를 겪어왔다. 첫째는 그리스 철학과의 만남으로 인해 초래된 도전과 변화이고, 둘째 변화는 근대 과학의 만남과 도전 그리고 세 번째 변화는 동양종교들과의 만남과 도전이다. 첫 번째 그리스철학의 도전은 그리스도교가 비교적 성공적으로 겪었기 때문에 그리스도교는 성서의 '조잡한' 인격신관을 철학적, 형이상학적 언어로 보강함으로써 보편적 진리를 주장할 수 있는 세계종교로 우뚝 서게 만들었다. 그 대표적 사상가, 신학자는 초기 그리스 교부 시대를 거쳐 성 아우구스티누스와 성 토마스 아퀴나스 같은 인물이다. 오늘의 그리스도교 신학의 초석을 놓은 인물이다. 우리나라 기독교, 특히 개신교는 아직 이 성과를 제대로 누리지 못하고 있다. 간단히 말해, 개신교 목사들 가운데 성서적 언어와 철학적 언어를 다 구사할 수 있는 사람은 극히 찾아보기 어렵다. 한국 개신교는 아직도 첫 번째 도전도 제대로 소화하지 못한 셈이다! 오늘날 개신교가 노정하고 있는 온갖 문제의 근본이 여기에 있다 해도 과언이 아니라고 나는 생각한다.

　　〈종교10강〉의 제5강 "과학은 신앙의 적인가?"는 두 번째 도전,

즉 근대과학의 도전이 그리스도교 신앙, 특히 '역사의 하느님'(God of history) 신앙에 제기하는 문제들을 중심으로 하는 고찰이었다. 세 번째 새로운 만남과 도전은 불교, 도교, 유교 등 동양종교 사상이 그리스도교 신학에 초래한, 또 앞으로 초래할 변화와 도전이다. 오늘 제6강이 논할 주제다.

종교다원주의(religious pluralism)는 비단 그리스도교뿐 아니라 세계의 모든 종교, 모든 사상이 직면한 문제다. 존재하는 모든 종교, 사상, 철학 등이 특정한 역사의 산물, 문화의 산물이기 때문에 상대성을 면하기 어렵고 절대적 진리 주장을 펴기 어렵다는 상대주의의 도전에 직면해 있기 때문이다. 종교다원주의는 이런 상황에 대한 신학적, 철학적 이론이기에 앞서 현대인들의 삶에 이미 깊숙이 들어와 있는 현실이라는 인식이 중요하다. 종교다원주의의 '최소한의 정의'는 종교가 한 사회나 문화 내에 여러 종교들이 존재한다는 사실 그리고 이와 더불어 사람들이 다양하고 상이한 문화, 세계관, 인생관, 가치관을 가지고 산다는 사실에 대해 개방적이고 긍정적인 태도라고 할 수 있다.

다른 말로 하면, 현대인들에게 상대주의—종교, 문화, 역사, 사상, 가치, 진리에 대한—는 이제 상식이고 피할 수 없는 결론이다. 현대인들은 교육, 과학이나 역사, 인류학, 여행 혹은 여행기, 매스컴 등을 통해 이미 우리들의 삶과 의식 속으로 들어와 있는 다양한 문화, 종교, 사상, 삶의 양식을 접하며 산다. 세계에는 다양한 종교와 사상과 삶의 양식들이 있다는 사실은 누구나 알고 있다. 그리고 이러한 상황에서 자신들이 믿고 따르는 종교만이 절대적으로 옳다고 고집할 수는 없게 되었다는 것 또한 교육받은 사람들에게는 상식이나 다름없다. 우물 안 개구리 식의 폐쇄적 사고나 배타적이고 절대적인 진리 주장, 자기 종교의 우월성을 쉽게 주장하기 어렵게 된 난처한 상황에 현대 종교들이 처하게 된 것이다. 현대인들은 명시적이든 암묵적이든 이미 **역사상대주의, 문화상대주의** 그리고 더 직접적으로, 자기들의 삶을 위협하고 있는 **가치상대주의**가 상식이 된 지 이미 오랜 세계에서 살고 있다. 이 상대주의의 위협에 처한 종교들은 그 반동으로 폐쇄적인 사고, 자기들의 도그마, 가치관, 삶의 방식을 절대적으로 여기고 고집하는 각종 반동적 사상—전통주의, 보수주의, 독단주의, 근본주의, 광신주의 등—이 기승을 부리고 있고, 이에 편승한 각종 극우 세력과 독재정권(신나치주의, 독일과 오스트리아, 프랑스, 러시아, 인도, 미국과 중국 등)이 때로는 폭력과 테러까지 마다하지 않고 기승을 부리고 있지만, 다 부질없다는 것은 나만의 생각이 아니다. 글로벌 시대, 정보화 시대에 폐쇄성은 불가능하다. 결국 다양한 삶의 영역에서 상대주의적 사고는 누구도 피할 수 없게 되었다. 과학 교육, 역사교육을 받은 현대인에게 자기 종교만의 절대성을 믿고 주장하는 일은 거의 불가능하게 되었다. 곤혹스러운 일이지만, 종교들은 이러한 상황과 도전에 어떻게 대응할지가 매우 중대한 문제로 부상한 것이다. 그리스도교 신학에서는 종교 신학(theology of religion)이라는 전에 없었던 분야가 신학교육의 정규과목으로 등장할 정도가 되었다. 또 보수적인 신학교에서도 '선교학'이라는 —비록 타종교 연구를 선교의 방편으로 여기는 학문 아닌 학문이지만— 과목이 개설되어 있다.

현대 그리스도교 종교신학은 이러한 피할 수 없는 종교다원성에
서 오는 상대주의에 대한 반응으로서 세 가지 입장을 보여 왔다. 곧
배타주의[2], 포용주의[3] 그리고 다원주의[4]이다.

사실, 이 문제는 단지 종교들만의 문제가 아니라, 현대인이 경험
하는 구체적이고 현실적인 문제라는 인식이 매우 중요하다. 가령, 가
치상대주의 같은 문제다. 현대 사회는 전통사회와 달리 가치가 다원
화되어 개인의 자유로운 선택에 맡겨진 사회다. 누구도, 심지어 부
모도, 나에게 어떤 가치관을 가지고 살도록 강요할 수 없다. 내가 좋
아하고 선택한 가치에 따라 살 자유와 권리는 오늘의 개방된 사회
와 문화에서는 누구도 막을 수 없다. 종교에서 개종의 자유가 있듯
이, 누구도 나의 삶을 인도하는 지배적 가치관에 대해 "너는 틀렸다.
너의 가치관은 잘못된 것이다"라고 비난할 수 없다. 이것은 우리나라
안방 드라마의 단골 주제인 결혼 문제만 보아도 누구나 알 수 있다.
부모자식 간의 갈등, 세대 간의 인생관과 세계관의 갈등, 심지어 언
어와 소통의 차이에서 오는 갈등은 피할 수 없는 문제가 된 것이다.

---

[2] exclusivism. 교회 밖에는 구원이 없다는 그리스도교의 전통주의.

[3] inclusivism. 그리스도교의 진리는 보편적인 것으로서, '우주적' 그리스도론에 입각한 신
학이다. 가톨릭교회의 공식적 입장에 가까운 것이고, 교회 밖에는 '익명의 크리스천'이
있다는 말로 잘 알려진 입장이다.

[4] pluralism. 위대한 종교들이 제시하는 교리나 사상의 상대성, 개방성, 영적 혹은 도덕적
대등성을 이제는 솔직히 인정하고 새롭게 자기 종교의 진리를 정립할 수밖에 없다는
입장.

마찬가지로 현대인에게 종교다원주의는 가치다원주의처럼 누구도 외면하거나 무시할 수 없는 상식이 되었다. 자기 종교를 지켜야만 하는 종교 지도자들이 오히려 문제다. 일반 사람들은 이미 암묵적 종교 다원주의자들이다. 우리 모두는 다양한 종교들이 마치 다양한 상품처럼 진열대에 나와 있는 세계에서 살고 있다. 전대미문의 상황이다. 불과 백 년 전 우리 조상들이 처했던 상황만 보아도 우리는 가치상대주의와 종교상대주의가 제기하는 현대인의 문제를 잘 알 수 있다.

나는 미국이나 유럽의 나라들에 가게 되면 대형서점을 방문하곤 하는데, 눈에 띄는 현상은 그리스도교 서적 코너는 점점 구석으로 밀리고 동양종교나 동양철학 서적들이 증가하는 추세라는 것이다. 종교다원화 내지 종교다원주의 현상은 이런 현상을 통해 실감할 수 있다. 문화의 보루인 종교마저 사람들의 '자유로운 선택'의 대상이 되어버린 세계에서 현대인들은 살게 된 것이다. 영어로 '이단'을 뜻하는 말(heresy)은 그리스 말(herein)에서 왔는데, 선택이라는 뜻이다. 종교를 개인이 자유롭게 선택한다면 이단이라는 뜻이다. 언어가 타고난 운명적인 것처럼, 종교는 전통사회에서는 선택의 대상의 대상이 아니었다. 의심하고 딴소리하면, 곧장 제재를 당하고 사회에서 격리되거나 추방되었다. 하지만 오늘날은 이 모든 것이 달라졌다. 타종교들을 대하는 태도 역시 달라질 수밖에 없다. 마치 아는 사람끼리만 살던 전통사회의 윤리가 바뀌고 날마다 모르는 타인들을 대하고 사는 현대 시민사회 윤리가 달라질 수밖에 없듯이, 오늘의 종교다원사회와 다원화된 문화는 이전과는 다른 신학과 영성을 요구하고 있다.

인간의 제이 본성이라고 불리는 문화의 상대화가 상식이듯이, 문화의 핵심인 종교의 상대성, 다원성은 이제 모든 사람에게 당연한 상식이다. 절대적 진리를 고집하는 종교 지도자들이나 정치하는 사람들이 대중의 근본주의 신앙을 이용하여도 전통을 고수하는 척하지만, 이 모든 것은 지나갔다. 전통의 고수는 명분일 뿐, 득표 계산이 진짜 목적인 경우가 많다. 아마도 현대인들이 경험하는 정신적 혼란과 위기의 원인이 이런 가치와 종교가 다원화된 데 따른 현상일지도 모른다. 타인을 존중하지 않고 나와 다른 생각, 다른 가치관이나 인생관, 나와 다른 종교와 세계관을 믿으면 큰일 나는 줄 알던 시대는 이제 영구히 갔다. 하나의 획일적 사고를 강요하고 인생관과 세계관을 가르치던 시대, 하나의 궁극적 실재만 고집하던 전통사회의 종교는 더 이상 통하지 않는다. 조선조 시대의 유교와 현재의 유교가 처한 상황만 비교해보아도 우리는 이러한 변화된 세계를 실감할 수 있다. 종교의 다원성, 다양성, 관용성, 상대성과, 특정 종교에 대한 신앙이 양립할 수 있다는 데 회의적인 시각을 가진 사람도 많지만, 바로 이런 것이 우리 앞에 놓인 피할 수 없는 과제이고 도전이라는 데는 모두가 동의할 것이다.

종교다원주의적인 신학과 철학, 영성, 도덕은 다양성의 세계와 문화가 당면한 상호 존중과 평화를 위해 이제 필수적인 일이 되었다. 시대적 과제이고 사명인 된 것이다. 아마도 종교 지도자들을 제외하고는 이미 이런 개방적 신앙, 신학, 영성이 가능하고 바람직하다고 여기는 사람이 다수를 점하고 있을지도 모른다. 일견 모순적으로 보이지만, 나는 이것이 현대인들이 당면한 피할 수 없는 운명이고 사명이라고 본다.

종교 간의 우열을 가릴 **보편적 기준**이 있다면 좋겠다는 생각으로 그런 것을 모색하는 사람도 있지만, 내가 아는 한 그런 기준은 없다. 설령 어떤 위대한 사상가나 종교철학자가 출현하여 그런 보편타당한 기준을 제시한다 해도, 모든 종교가 거기에 동의할 가능성은 거의 없다. 종교마다 진리를 가늠하는 척도와 기준 자체가 다르기 때문이다. 거기에 따라 자기 종교의 절대적 진리를 주장하기 때문이다. 종교의 운명이 앞으로 과연 어떻게 될지 종교 지도자들은 물론이고 일반 신도들도 우려하는 것은 너무나도 당연하다. 종교다원주의는 이러한 상황에 대한 과감한 대응이다. 현실을 직시하면서 전향적 사고를 하자는 입장이다.

나는 이제 **종교다원주의 철학**과 **종교다원적 신학**을 구별하고, 종교다원주의가 제기하는 문제를 다루고자 한다. 하나는 '다원주의'라고, 다른 하나는 '다원적'이라고 한 표현이 의도적이라는 점에 주목하기 바란다. 이 두 가지 형태의 종교다원주의, 즉 철학적 다원주의와 신학적 다원성 내지 다원적 신학은 밀접히 연관된다. 철학적 종교다원주의자는 대체로 종교다원적 신학에 우호적이지만, 종교다원적 신학에 공감한다 해서 반드시 철학적 종교다원주의에 동의할 필요는 없다. 그래서는 안 된다고 주장하는 사람도 있을 수 있기 때문이다. 왜냐하면, 어떤 한 특정 신앙을 절대적 진리로 선택한 신학자나 신자들 가운데는 자기들이 따르는 종교가 제시하는 진리의 절대성을 믿는 입장과, 타종교들의 진리 주장을 동시에 인정하는 철학적 종교다원주의가 양립하기 어렵다고 생각할 수 있기 때문이다. 사실, 신학적 입장에서는 자기 종교 이외의 어떠한 '주의'도 인정하기 어렵다고 생각할 수도 있다. 바로 이 점이 문제의 핵심이다.

종교를 철학적으로 다루는 데는 한계가 있지만, 현대 세계에서 **철학적 종교다원주의**의 입장을 대변하고 이론화한 대표적 인물은 영국의 저명한 종교철학자이자 그리스도교 신학자인 힉(John Hick)이다. 먼저 그의 철학적 종교다원주의론을 간략히 살펴본다.

힉의 종교철학이 담겨 있는 대표적 저서는 『종교의 해석』(An Interpretation of Religion)이라는 저서이다. 힉이 거기서 다루는 핵심적인 문제는 신관의 두 유형, 즉 인격적(personal) 신관과 탈인격적(impersonal) 신관의 관계에 관한 문제다. 널리 알려진 대로, 전자는 세 유일신신앙의 종교들 — 이른바 아브라함의 종교라고 불리는 세 종교, 곧 유대교, 그리스도교, 이슬람의 지배적 신관인 반면, 후자는 주로 동양의 철학적, 형이상학적 종교들의 신관에 지배적이다.

한편 인도의 힌두교에서는 두 가지 유형의 신관이 오래전부터 한 종교 내에 별 갈등 없이 공존해 왔다. 가령 불이론적 베단타(Advaita Vedānta) 철학은 인격신을 속성이 있는 브라만(saguna Brahman)이라고 부르며, 일체의 속성을 떠난 탈인격적 브라만(nirguna Brahman)을 그들의 초교파적 신학 내지 철학의 근본으로 삼는다. 힌두교에서는 이 두 가지 신관이 일반적으로 큰 갈등 없이 공존해왔지만, 전자가 더 깊은 진리라고 여기는 경향이 강하고 일반적이다. 이러한 현상은 배타성이 강한 그리스도교 신학에 몸을 담아 온 학자들이나 신앙의 지도자들의 관심을 끌기에 충분했다. 그들은 우선 그리스도교의 배타적 진리 주장이 현대 세계가 요구하는 종교 간의 대화를 저해하는 요소라고 보며, 인격신관이 지닌 신인동형론적(神人同形論, anthropomorphic) 사고가 불가피하지만 유치하고 저급하다고 보는 힌두교 일반의 견해에 많은 관심을 기울여 왔다. 힉 역시 그런 사람들 가운데 한 명이며, 종교 간의 차이와 일치 문제를 다루는 그의 시각 또한 힌두교 전통이 이 문제를 다루어 온 방식에 많은 영향을 받았다.

힌두교 신관에 따르면, 신은 뛰어난 인격적 '속성을 지닌 브라만'(saguna Brahman)이지만, 동시에 모든 인격적 속성을 '여의고 초월하는 브라만'(nirguna Brahman)이다. 이 두 가지 유형의 신관은 힌두교라는 한 종교에 국한된 현상이 아니라, 세계 종교들이 보이는 보편적 현상이다. 그리스도교는 물론 인격성을 지닌 성서적이고 대중적인 인격신을 믿지만, 이와 아울러 그리스 철학의 영향으로 신을 존재(esse), 일자(一者, unum), 선(善, bonum) 등 탈인격적 형이상학적 개념들을 중세 이래 신을 가리키는 초월적 범주로 사용해왔다. 또 유교는 『시경』(詩經), 『서경』(書經) 등 오랜 경전에서 하늘(天)을 상제(上帝)라고 부를 정도로 인격신관이 지배적인 시기도 있었고, 현재도 일반 대중은 하늘을 인격적 속성을 지닌 실재로 경외하는 사람도 많다. 하지만 공자 이래 천(天)이나 도(道)를 우주만물의 이치(理) 내지 이법으로 보는 탈인격적 신관이 나타나면서부터 점차 그런 방향으로 중국인들의 신관이 흘러갔다. 동아시아 문화에서는 아직도 일반 대중의 일상적 언어 속에는 하늘은 여전히 인격성을 띠고 있지만, 도가(道家) 사상이나 철학에서는 도는 고도로 추상적인 만물의 이법이고 형이상학적 실재다. 이와 동시에 도교(道敎)에서는 도(道)를 인격화된 신(玉皇上帝)으로 모시기도 한다. 이러한 사실을 우리가 어떻게 이해하고 설명할 수 있을지가 힉의 철학적 종교다원주의가 다루고자 하는 문제의 중심이다.

힉은 철학자 칸트의 인식론적 통찰―이에 더하여 비트겐슈타인이나 하이데거 철학의 영향도 있었다―에 따라, 우리가 사물을 경험하는 방식은 사물을 있는 그대로, 물(物) 자체(Ding an sich)를 인식하는 것이 아니라, 항시 어떤 해석의 범주와 틀을 통해서 인식한다는 것이다. 따라서 절대적 실제에 대한 경험에 근거한 우리들의 인식은 언제나 인식의 틀에 영향을 받을 수밖에 없다고 본다. 힉은 따라서 우리의 경험은 항시 '무엇으로서의 경험'(experience-as)이라고 본다. 즉 경험은 언제나 해석된 경험일 수밖에 없다는 입장이다.

하지만 힉은 현대 서구철학에서 '인식론적 전회'(epistemolgical turn)를 일으킨 칸트의 견해와 두 가지 점에서 결정적인 차이를 보인다. 첫째, 칸트가 물 자체, 즉 어떠한 형이상학적 실재라도 우리로서는 인식하지 못한다고 본 반면, 힉은 종교들이 그것을 안다는 인식적 주장을 한다는 사실, 하지만 상이한 주장을 하고 있다는 사실을 일단 존중한다. 힉은 이러한 종교들의 믿음에 대해서 칸트처럼 회의적이지 않다. 모른다고 괄호 속에 넣지도 않는다. 그는 신자들이 종교적 경험을 통해서 절대적 실재를 실제로 접했다는 주장을 일단 그대로 수용하면서 그의 종교다원주의 이론을 전개한다. 둘째, 궁극적 실재를 경험하는 데 개입되는 해석의 틀 내지 범주가 칸트에게는 우리의 경험과 사고 속에 선험적으로 주어진, 따라서 문화적 역사적 차이를 초월하는 보편적인 틀인 반면에, 힉은 종교적 경험들에 불가피하게 개입되는 해석의 범주(as)들이 문화적으로 조건 지어진 상이한 범주들이라고 생각한다. 다시 말해서, 종교적 인식에 따른 해석의 범주가 종교들이 속한 문화적 차이에서 온다고 본다. 힉은 이런 점에서 칸트와 달리 문화상대주의를 인정하는 셈이다.

힉에 따르면, 신을 접하고 경험하는 데는 두 가지 큰 유형의 문화적 틀 내지 해석의 범주가 있다. 하나는 신을 인격적 범주로 이해하는 것이고, 다른 하나는 탈인격적 범주로 이해하는 길이다. 힉은 이것이 우열의 문제나 옳고 그름의 문제라고 보는 대신 문화의 차이에 기인한다고 본다. 따라서 우리는 이러한 힉의 철학적 종교다원주의가 일종의 문화상대주의라고 할 수 있다. 자기 종교가 주장하는 진리의 절대성을 믿는 신학적 입장이나 신앙적 입장에서는 만족스럽지 못한 해결책일지 모르지만, 힉으로서는 다음과 같은 사실을 감안할 때 불가피한 선택이다.

힉은, 종교다원주의론은 우선 모든 종교는 명시적이든 암묵적이든, 진리에 대한 인식적 주장(truth-claim)을 한다는 전제 아래 그의 철학적 다원주의의론을 편다. 종교를 주관적 경험이나 실존적 결단 혹은 선택에 돌리지 않고, 어떤 객관적이고 보편적인 진리를 주장한다고 보는 것이다. 종교들은 모두 모종의 진리를 주장한다고 그는 본다. 문제는 종교마다 주장하는 진리의 내용이 다르고 궁극적 실재,

즉 신 경험을 이해하는 범주와 틀이 다르다는 데 있다. 힉에 따르면, 이 차이는 문화적 배경의 차이에서 오며, 신을 속성이 있는 인격적 실재로 보느냐 혹은 일체의 속성을 여읜 탈인격적 실재로 보느냐의 차이도 문화적 차이에 기인한다고 본다.

힉은 또 세계 종교들이 배출하는 성인이나 성자들의 인격과 도덕적 수준도 별 차이가 없다고 생각한다. 도덕적으로나, 영적으로나 거의 대등한 수준이라고 보는 것이다. 신자들의 경우도 별 차이가 없다고 힉은 생각한다. 따라서 종교들의 우열을 신자들의 도덕적 수준이나 영적 수준으로 판단하기는 불가능하다고 그는 생각한다. 그렇다고 종교들이 제기하는 상이한 진리 주장들의 진위를 가릴 수 있는 어떤 보편적이고 공통적인 기준 같은 것이 있는 것도 아니다. 가령 그리스도교나 이슬람처럼 진리가 인간의 이성이 아니라 하느님의 계시에 근거한다고 믿는다 해도, 다른 종교들이 이러한 주장을 수용할 가능성은 전무하다. 우선 신이 계시했다는 내용이 모두 다르다. 그렇다고 인간의 이성을 앞세워 신의 계시 자체를 부정할 수도 없다. 힉이 해결하고자 하는 문제가 얼마나 난제인지 우리는 이런 사실들에서 짐작해볼 수 있다. 이상과 같은 몇 가지 논의의 전제들을 우리가 수용한다면, 힉이 내릴 결론은 **종교상대주의**일 수밖에 없다. 쉽게 말하면, 모든 종교의 진리 주장이 한편으로 일리가 있고 타당하지만, 다른 한편으로는 문화적 제약성 때문에 타종교들의 주장에서 볼 때는 상대성을 면하지 못한다는 입장이다. 이것은 이미 예견된 결론일지도 모른다.

우리는 그리스도교뿐만 아니라 세계 종교계나 신학사상도 모두 종교다원적 사고를 요하는 세계에 살고 있다. 현대 세계에서는 각 종교가 자기 신앙과 신학의 정당성을 주장하면서도 타종교들의 신학적 입장과 진리 주장도 진지하게 경청하고 이해하는 가운데 자기 종교의 교리적, 신학적·신앙적 입장을 정당화하는 작업을 해야 하는 난제에 직면해 있다. 이는 특히 우리나라와 같이 종교가 다원화된 사회에서는 더욱 불가피하고 필수적이다. 따라서 한국 신학자들은 서구신학을 맹종하기보다는 이제 독자적 사고를 할 때가 되었다. 실제로 우리나라 신학계는 1960년대의 '토착화' 신학, 1970~1990년대의 민중신학과 문화신학, 여성신학 그리고 최근에는 전지구적인 환경생태계의 위기에 대응하는 생명신학 등 한국의 문화와 역사적 상황과 맥락에 적실한 다양한 형태의 신학적 과제를 추구하기도 했다. 그러나 아직 한국 신학계는 이러한 신학적 과제의 당위성만을 강조하거나 방법론적 성찰의 차원을 벗어나지 못하고 있는 실정이라고 나는 본다. 그 가장 중요한 이유는 한국 신학계가 아직도 불교, 유교 사상 등 동아시아 사상에 대한 전문가적 수준의 이해와 지식을 소유한 신학자들을 찾아보기 어렵다는 사실에 있다. 이 때문에 아직은 한국적 신학의 당위성만 주장하는 수준, 혹은 그 방법론적 모색의 차원을 벗어나지 못하고 있다는 인상을 준다. 이에 더하여, 한국 교계의 강한 보수성이 선교학적 관심과 관점을 넘어서는 과감하고 창의적인 신학적 사고를 수용할 준비가 많이 부족하다는 점도 독자적인 '한국 신학'(Korean theology)의 형성을 저해하는 큰 요인이다. 여하튼 한국적 신학의 발전을 위해서는 무엇보다도 불교, 유교 등 한국의 토착 철학에 대한 열린 자세와 전문가적 수준의 이해와 연구가 절실하다는 점은 아무리 강조해도 지나침이 없을 것이다.

천지를 창조하신 하느님은 결코 한 사회나 문화, 한 종교가 독점할 수 있는 전유물이 될 수 없다. 하느님은 크리스천이 아니다! 더군다나 '우리' 교회 교인이 아니다! 기독교를 편애하는 하느님, 기독교가 독점할 수 있는 하느님이 아니고, 해서도 안 되는 하느님이다. 선교사들이 전파하기 전까지 우리 조상들은 하느님과 무관하게 살았다고 말할 수 있을까? 그들이 구원에서 배제되었다고 누가 감히 말하겠는가? 또 만약 배제된다고 하면, 누구의 책임일까? 오바마 대통령의 말이 생각난다. 여러 해 전 크리스마스 때쯤 나는 우연히 미국의 정치토론 전문 방송을 보게 되었는데, 패널의 어느 기자가 당시 민주당 대통령 후보 경선에 참가한 오바마에게 던진 질문이었다. "당신은 이라크전에서 하느님이 미국 편이라고 생각하십니까?" 이 질문을 듣는 순간, 나는 갑자기 긴장했고 오바마의 답변을 경청했다. 그가 하는 답변은 "문제는 하느님이 미국 편이냐 아니냐가 아니라, 미국이 하느님 편이냐 아니냐다"는 말이었다. 나는 그의 재치와 양식에 감탄했고, 속으로 당신은 미국 대통령, 아니 '세계의 대통령'이 될 만한 자격이 있는 사람이라고 했다.

여하튼 하느님이 기독교인도 아니고 미국인도 아니라면, 우리가 한국의 문화전통과 사상을 본격적으로 연구하고 거기서 하느님의 말씀을 들으려는 진지한 독자적 노력이 필요하다. 한국적 신학, 한국적 신앙과 영성이 필수적이라는 말이다. 이러한 동양적, 한국적 신학의 필요에 부응하려면 신론, 그리스도론, 구원론, 창조론을 비롯한 그리스도교의 전통적 신학사상을 전면적으로 재검토하지 않으면 안 된다. 단순한 선교학적 방편 정도로는 안 되는 것이다. 교회와 그리스도교에 갇힌 하느님을 해방시켜야 한다! 아니, 하느님을 해방하는 것이 아니라, 우리의 사고를 해방시켜야 한다! 우리의 신학적 사고의 폭을 그리스도교의 울타리에서 해방시키는 일은 결코 쉽지 않지만, 우선 우리의 시야를 넓히는 신학적 사고의 일대 전환이 요구된다. 종교다원적인 신학을 통해서 신학적 사고의 지평이 넓어지고 자유로워져야 한다. 현대 기독인들과 신학자들은 이러한 도전을 결코 두려워해서는 안 된다. 오히려 예전에 없던 새로운 세계가 열린다는 기대와 흥분 속에서 이 도전을 새로운 기회로 삼아야 한다. 그야말로 전화위복의 절호의 기회로 삼을 수 있고 또 그래야만 한다.

현대 세계에서 종교다원적 '신학'(넓은 의미의)은 비단 그리스도교에게만 요구되는 과제가 아니다. 각 종교가 아무리 강하게 자기 종교의 진리를 주장한다 해도, 모든 지식과 정보가 자유롭게 이동하고 소통되는 지구촌 시대에 살고 있는 현대 종교들은 종전처럼 배타적 진리 주장에 안주하기 어렵게 되었다. 현대 개방사회에서는 예전처럼 한 종교가 진리를 독점하고 배타적 진리 주장을 해도 수긍할 사람이 별로 없다. 우리 현대인은 자본과 인력뿐 아니라 가치, 사상 그리고 종교마저 자유롭게 이동하는 완전한 개방 세계에서 살고 있다. 타종교의 신앙인들이 우리 못지않게 훌륭한 인격과 지성과 학식의 소유자라는 사실 또한 명백하다. 우리는 한 나라나 사회, 심지어 한 가족 내에서조차 개인의 신앙적 자유과 권리가 보장되는 사회에서 살고 있다. 누구도 그의 신앙이나 종교를 강요할 수 없다. 안방에 가만히 앉아서 세계가 어떻게 돌아가고 있는지 타문화, 타종교의 신앙과 관습, 교리와 사상을 자유롭게 접할 수 있는 사회에서 어떤 종교도 종래의 방식대로 배타적 진리 주장을 하기 어렵게 된 것이다. 자신의 신앙과는 많이 다르지만 진지한 신앙을 가진 수많은 사람들이 자유롭게 왕래하는 시대, 이른바 지구촌(global village) 시대는 당연히 지구촌 신학(global theology)과 신앙 그리고 영성을 요구한다. 아무리 폐쇄된 사회, 배타적 문화라 해도, 이러한 시대적 변화는 누구도 막을 수 없고 어떤 종교도 피하거나 외면할 수 없는 운명을 맞고 있다.

가령 불교에서 살아 있는 부처로 추앙받고 있는 틱낫한 스님 같은 분은 불교적 입장에서도 그리스도교의 신앙을 잘 이해하는 대표적인 스님이라는 생각이 든다. 나는 그를 주저없이 불교 신학자(Buddhist theologian)라고 불러도 좋다고 생각한다. '불교 신학'이라고 하면, '신학'이라는 말이 걸린다고 생각하는 사람도 있겠지만, 나는 이 말을 아주 넓은 의미로 사용한다. 자기 종교의 입장을 체계적으로, 조직적으로 논하는 것을 '신학'이라고 한다면, 현대 신학은 이제 이러한 '종교다원적 신학(multitraditional theology)이 되어야 한다. 나는 그런 것을 다전통적 신앙(faith), 다전통적 영성(spirituality)이라고도 부른다. 글로벌 시대에 걸맞는 진정한 에큐메니칼 신학(ecumenical theology)이다. 단지 가톨릭과 개신교, 교파들 사이의 벽을 넘어, 종교들 사이의 벽을 허물고 영적 휴머니즘(spiritual humanism)으로 단합된 신학과 영성의 형성이 현대 세계가 종교들에게 부여한 과제이고 사명이라고 나는 본다.

각 종교는 자신의 영적 인간관을 토대로 단순히 선교학적 관심과 시각을 넘어 새로운 형태의 휴머니즘, 진정한 에큐메니즘을 추구하고 실현해야 한다. 틱낫한 스님의 경우는, 불교의 가르침을 타종교, 특히 그리스도교의 신앙을 존중하고 이해하는 차원에서 전하고 세계를 위한 불교 신학을 하고 계신다는 느낌이 든다. 나는 그것을 '글로벌 불교 신학'이라고 부를 뿐이다. 명칭에 구애받을 일은 아니다. 이러한 종교다원적 사고는 그리스도교나 불교뿐 아니라, 현대 세계에서 활동하고 있는 모든 종교 지도자들이 반드시 갖추어야 할 자질이고 자세라고 생각한다. 이런 의미에서 불교 신학, 이슬람 신학, 힌두교 신학이라는 말도 얼마든지 가능하고, 현대의 신학적 사고는 모두 종교다원적 신학이고 신앙이고 영성이어야 한다는 것이 나의 입장이다. 지구촌 시대의 신학은 모두 글로벌 신학, 다전통적 신학, 다종교적 신앙과 영성이어야 한다는 말이다.

자기가 속한 종교의 전통 하나도 제대로 알지 못하는데, 어떻게 그 많은 종교들의 다양한 사상과 전통에 관심을 갖고 알 수 있겠는가라는 회의가 생길 수도 있다. 사실, 그런 면이 없는 것은 아니다. 특히, 우리나라 신학자들의 신학적 사고는 서구 그리스도교 신학뿐 아니라 한국의 토착 종교는 물론이고 지구촌화되어가는 세계의 모든 종교전통을 신학적 사고의 자료로 삼아야 한다는 점에서, 현대 한국 사회에서 신학을 하는 사람들이 할 일이 너무 많다는 것은 분명하다. 앞서 밝힌 대로, 종교다원적 신학은 우리나라 신학자들로서는 너무나도 당연한 과제이고 의무다. 나는 심지어 하느님 자신이 '종교 다원주의자'일 것이라고 우스갯소리로 말한 적도 있다. 우리 조상들의 운명, 구원의 문제를 생각할 때, 종교다원적 신학의 과제는 더욱 명백하다. 한국 역사, 한국 문화사, 한국 종교사가 수 천 년 동안 하느님과 무관하게 진행되었다고 생각할 사람이 과연 있을까? 지나간 우리 조상들이 산 세월이 하느님 부재의 세월이란 말인가? 누가 그런 불공평하고 차별적 하느님을 믿을 수 있단 말인가?

로고스 하느님, 진리의 하느님이 역사적 존재 예수에게서 한 인간이 되셨다는 교리(Incarnation)는 그리스도교의 핵심 사상이다. 하느님 자신이 인간 세상에, 죄로 얼룩진 인류 역사에 몸소 참여하셨다는 믿음이다. 나는 여기서 진리의 **보편성**과 **특수성**의 문제에 대해 잠시 언급하고자 한다. 이에 대한 적합한 응답은 **보편특수주의**에 있다고 본다. 자기 종교의 진리를 보편적 안목에서 개진하면서도, 자기 종교의 특수성을 그 장점과 단점을 동시에 의식하고 솔직하게 수용하고 주장하는 길이다. 다시 말해서, 상대방의 종교뿐 아니라 자기 종교의, 아니 다른 모든 종교의 역사적 특수성, 문화적 한계성을 솔직하고 겸허하게 인정하면서, 자기 종교의 진리의 보편성과 의미를 설득력 있게 제시해야 한다. 만약 자기 종교가 천명하는 진리의 특수성만 강조한다면, 가령 성경에 나오는 특정한 역사적 사건 이야기들을 통한 신의 '계시'의 특수성만을 고집하는 그리스도교 신앙은, 심각한 문제에 봉착할 수밖에 없다. 나는 따라서 진리 주장에 관한 한, **보편특수**의 정신에 따라 문제를 해결해야 한다고 본다. 로고스의 보편성과 예수라는 한 특정한 역사적 인물의 삶과 행위, 메시지와 가르침이 지닌 역사적 문화적 특수성을 둘 다 의식하면서 신학적 사고를 하고 신학사상을 정립해 나가야 한다는 생각이다.

이러한 원리와 정신을 다른 말로 하면, 로고스 하느님, 곧 진리 자체이신 하느님을 알려면 예수라는 존재와 인격을 알아야 하고, 예수의 정체를 알려면 하느님을 알아야 한다는 말이 된다. 이것은 그리스도교 신앙의 핵심이다. 하지만 로고스 하느님은 결코 그리스도교라는 종교가 독점할 수 있는 분이 아니며, 독점할 수도 없고, 독점해서도 안 된다는 것이 종교다원적 신학의 근본 자세이고 정신이다.

나는 세계 인류의 종교사 전체가 인간이 하느님을 찾아가는 과정이고, 하느님이 인간을 찾아오는 계시의 과정이라고 본다. 그중에서도 불교와 그리스도교의 본격적인 만남은 인류 역사상 획기적인 사건임에 틀림없다. 두 종교의 교리와 사상은 많은 차이에도 불구하고 심층 코드가 같은 '세계' 종교이고 구원을 추구하는 종교다. 둘 다 사즉생(死卽生), 즉 죽는 것이 참으로 사는 길이라고, 일단 세상을 향해 죽어야만 진정으로 산다고 가르치는 종교다. 세간·세상에 맞서야 나도 살고 세상도 산다고 보는 종교다.

마지막으로 한 가지 점을 더 지적하고 싶다. 종교다원적 신학과 이른바 '토착화신학'을 혼동해서는 안 된다는 점이다. 토착화신학의 한계는 명백하다. 토착화신학은 그리스도교가 전해야 하는 메시지가 이미 고정적이고 확실하다고 생각한다. 다만 그것을 전하는 방법이 달라져야 한다고 생각한다. 토착화신학의 근본적 한계는 바로 여기에 있다. 어떻게 '사탕발림'을 잘 해서 사람들이 받아먹기 쉽게 메시지를 전하느냐 하는 '선교학적 관점'의 한계를 벗어나기 어렵다는 한계다. 종래의 그리스도교 메시지와 복음 이해를 그냥 두지 말고, 타 종교들과 대화하고 배우는 과정을 통해 새롭게 이해하고 변화시켜야 한다. 나도 변하고 상대방도 변해야 한다는(mutural transformation) 것이 시대의 정신이고 요구다. 불교와 그리스도교가 진정으로 만나려면, 두 종교 모두 **변화**될 각오를 해야 한다. 변화하려면, 불확실성의 모험을 감행할 수 있어야만 한다. 대화가 형식적인 행사가 아니라 상호 자극과 도전이 되어야 한다. 이 도전을 두려워하거나 피하지 말아야 한다. 이런 점에서 종교마다 자신의 정체성을 지키려는 본능, 수구적 자체를 과감히 탈피해야 한다. 이런 작업을 단지 성직자들에게 맡겨서는 안 된다. 평신도들의 역할과 책임이 더 중요하다. 우리 한국 신학계를 염두에 두고 말하자면, 이런 시대적 사명을 감당하기 위해서는 한국 종교계의 평신도들이 주체적인 신학적 사고를 할 수 있을 정도로 공부하고 배워야 한다. 진정한 평신도 신학이 요구된다.

한국 개신교의 평신도들을 비하하고 조롱하는 말 가운데 "한국교회 평신도들은 병신도"라는 말이 있다. 우리나라 평신도들은 아무 생각 없이, 아무런 비판의식 없이, 타성에 젖은 신앙생활을 하면서도 스스로 '착실하고' '경건한' 신자라고 착각하는 사람이 많다. 한국교회는 이런 신자들이 차고 넘친다. 하지만 이제는 평신도들의 신학적 각성이 절실히 요구되는 때가 되었다. 비판의 칼날을 갈고 들이댈 때가 왔다. 교계 지도자들이나 성직자들에 대한 도덕적 비판만으로는 안 된다. 목사님들의 설교나 신학이 뿌리부터 잘못되었다는 의식이 필요하다. 이러한 의식을 담아내는 **평신도 신학**이 절실하다. 일반 신자들이 독자적으로 신학적 사고를 할 수 있는 실력을 갖출 정도가 되어야 한국교회는 깨어나고 변할 것이다.

일찍이 우리나라 민주화의 대부라 할 수 있는 함석헌 선생은 군부독재가 시작되는 1960년대 초에 "생각하는 백성이라야 나라가 산다"는 명언을 남겼다. 우리가 촛불 혁명과 촛불 시위에서 보았듯이 생각하는 시민이 많아야 우리나라 민주주의가 희망이 있고 뿌리를 튼튼히 내릴 수 있다. 이어서 나는 "생각하는 평신도들이 있어야 한국 종교계가 산다"고 외치고 싶다. 신자들의 정신이 깨어나고 수동적 태도와 의존적 태도가 바뀌어야만 교회도 바뀐다.

그러기 위해서는 우선 평신도들 자신이 세상에 안주하는 삶의 태도와 양식을 과감하게 청산하는 청년 신자들의 용기와 결단이 요구된다. 출세지향적인 삶을 벗어버리는 과감한 용기와 결단, 모험이 필요하다. 이러한 변화와 결단이 어떤 계기로 일어날지 개인에 따라 다르겠지만, 여하튼 성과 속, 신과 세계, 시간과 영원 사이에서 선택의 결단이 있어야 하는 것은 모든 종교와 영성의 기본이다. 속에 죽고 성에 사는 것, 세상에 있지만 세상에 속하지는 않는(in the world, but not of the world), 세상에 죽고 하느님을 향해 사는 것이 참으로 사는 길이고 신앙이 아니고 영성의 본질이 아니라면, 다른 무엇이 있겠는가?

나는 이런 과감한 선택을 감행하는 평신도 청년들이 많이 한국 교계에 출현하기를 고대한다. 그런 청년을 만나면 나는 무척 기쁘고 신기하다는 생각이 들 정도다. '비정상적'이라고 할 정도로 열정을 지닌 청년들을 만나보고 싶다. 가난에 한이 맺힌 듯 사는 사람들, 출세에 눈이 어두워 연연하는 사람들로 가득 찬 우리 사회에서, 이런 평신도 청년들이 과연 나올 수 있을지 모르지만, 나는 이런 희망을 포기하지 않고 있다. 적어도 우리나라 부모들의 가치관과 사고의 전환 없이는 불가능할지도 모른다는 생각도 든다. 서구 사회에서는 이런 청년들이 제법 많다는 사실에 우리는 주목할 필요가 있다. 사회 전반에 걸쳐서 물질주의와 세속적 향락주의나 출세욕을 접고 소박하고 '단순한 삶'(simple life)을 자발적으로 선택한 사람들이 제법 많다고 한다. '출세'에 별 관심이 없고, 세속적 욕망을 탐하는 대신 **자발적 가난**을 선택하는 사람들이다. 제도종교에 소속된 수도자는 아니지만 수도승처럼 사는 사람들이다.

과거의 종교적 정체성을 과감히 떨쳐버리고 영적 모험을 두려워하지 않는 젊은이들, 그리스도교 신앙이나 유대교 전통에는 등을 돌렸지만 새로운 영적 운동에 앞장서고 있는 젊은이들, 변화를 자극하고 추동하는 청년들의 출현이 절실하다고 본다. 사회의 절대다수가 가난에 한이라도 맺힌 듯 살고 있는 우리 사회에도 거센 영적 변화의 바람이 불기를 기대한다. 나라의 거의 모든 사람이 '속물'처럼 살고 있는 우리나라에서 이러한 변화를 기대해도 좋을까?

제7강

유교도 종교인가?

'유교신앙'에 대하여

언젠가 우리나라 종교인구 조사를 보니, 자신을 유교신자라고 한 사람이 1% 밖에 없다는 웃지 못할 통계수치가 나온 것을 본 적이 있다. 우리나라 사람 대다수가 아직도 강한 유교 전통의 유산을 안고 살고 있음에도 불구하고, 또 우리 한국인 모두가 유교신자라 해도 놀라지 않을 터인데도, 대다수 한국인들은 자기가 유교와 무관하다는 생각으로 산다. 유교는 종교가 아니라고 생각하는 사람이 대다수이기 때문이다. 이런 생각의 배후에는 아마도 '종교'는 기독교 같은 것을 가리킨다는 생각이 지배적이기 때문일지도 모른다. 물론 그렇다면 유교는 종교가 아니라는 말은 하나 마나 한 말이다.

　　외국인들의 눈에는 우리나라 사회가 유교 사회, 한국 문화가 유교 문화, 한국인들의 사고방식이나 대인관계나 윤리의식이 유교적이라는 것이 너무나도 명백한 사실임에도 불구하고, 정작 한국인들은 자기가 유교와는 무관하다고 생각한다. 유교를 좀 안다고 자부하는 사람도 그렇게 생각한다. 흔히 사람들은 유교는 종교가 아니라 단순히 도덕적 가르침 혹은 정치사상 정도로 생각하기도 한다. 사실일까, 왜 그렇게 생각할까를 생각해 보는 것이 오늘 강의 주제를 '유교도 종교인가'라는 물음으로 정한 이유다.

　이런 질문의 배경에는 우선 대다수 사람들이 '종교' 하면 그리스도교·기독교나 불교 같은 것을 연상한다는 사실에 있다. 물론 불교, 그리스도교 같은 종교를 중심으로 해서 종교를 정의한다면, 유교는 종교가 아닐지 모른다. 그리스도교 하면, 사람들은 금방 교회당, 성직자, 예배나 미사, 장례식 같은 것을 떠올리고, 목사나 신부, 수녀 등의 이미지가 떠오를 것이다. 불교 하면 절이나 스님들을 먼저 떠올린다. 하지만 유교 하면 별로 떠오르는 이미지가 없다: 서당? 향교? 성직자? 특별한 옷을 입은 성직자나 눈에 띄는 건물 같은 것이 별로 없고 딱히 떠오르는 이미지가 없다. 정기적 행사를 위한 모이는 단체 같은 것도 없는 것 같고, 신도들의 모임이나 활동도 거의 보이지 않으니 도무지 '종교'라는 생각이 들지 않는다. 유교에는 도덕적 가르침 말고 심오한 영성이 있다고 생각하는 사람은 거의 없다. 조선조 시대 선비들은 유학을 통해 형성된 인격과 신념을 지키기 위해 목숨을 걸기도 했다는 사실도 생각하지 않는다.

　하지만 우리나라 사람 대다수가 어렸을 때부터 매일 같이 학교 교사나 부모님으로부터 유교적 덕목과 인성교육을 받으면서 자라난다. 맨날 도덕 훈화를 잔소리처럼 들으며 살지만, 유교가 '종교'라는 생각은 별로 하지 않는다. 너무나 생활에 밀착해 있고 한국 문화의 일부이기 때문일 것이다. 하지만 바로 이 점이 유교라는 종교의 특징이자 장점, 아니 그 약점일지도 모른다. 저명한 유교학자 허버트 핑가렛의 말대로, 유교는 세속적인 것을 성스러운 것으로 여기는(the secular as the sacred) '종교 아닌 종교'이기 때문일 것 같다.

여하튼 앞으로 우리나라에 무슨 일이 있어도 유교는 결코 우리 문화, 우리 사회에서 사라지지 않을 것이라고 나는 확신한다. 적어도 가족이라는 제도가 존재하는 한 유교는 항시 존재할 것이라고 확언할 수 있다. 유교의 목사나 사제는 가족의 가장이나 장손이다. 가정이나 사당에서 제사를 모시는 사람이 유교의 사제다. 중국 문화혁명 같은 광풍이 우리나라에서도 없으란 법은 없겠지만, 나는 그런 일은 없을 것이라고 본다. 그리스도교를 탄압하려면 교회를 없애면 될 것이고, 불교를 억압하려면 사원이나 절을 부수고 승려들을 환속시키면 된다. 실제로 불교 역사를 보면 우리나라 유불교체기인 여말선초에 그런 박해가 대대적으로 발생했고, 중국에서도 잘 알려진 것만 해도 수차 불교에서 '법난'이라고 부르는 사건들이 있었다. 불교의 발생지인 인도를 보아도 불교가 거의 사라지다시피 한 사실도 이와 무관하지 않다.

불교는 기본적으로 수도(修道) 중심의 종교로서, 힌두교처럼 인도인들 대중의 생활에 밀착된 종교가 아니다. 인도에서 가정의례를 돌보는 사람은 힌두교 사제 계급인 바라문들이다. 불교 승려는 절대로 그러한 일을 하지 않는다. 바라문이라도 출가수행에 전념하는 싼야신들(sannyāsin, 해탈을 위해 고행과 명상에 전념하는)은 결코 사람들의 가정의례를 집례하지 않는다.

역설적이지만, 우리는 유교가 종교가 아니라고 여기는 현상에서 유교라는 종교의 특성과 장점을 읽을 수 있다. 앞으로 한국 사회가 어떻게 변하든, 나는 한국인들의 삶에 배어 있는 유교적 사고나 삶의 방식, 가치관이나 인생관이 사라지는 일은 없을 것이라고 장담할 수 있다. 성균관을 부순다고 유교가 사라질까? 학교나 가정이 없어지지 않는 한, 유교는 우리나라 사람들의 가슴에 그리고 사회관습으로 우리 사회, 우리 문화에서 결코 사라지지 않을 것이다. 유교는 제사를 모시는 가장이나 동네 어른이 사제이고, 학교 교사가 유교 지도자 역할을 한다. 학교나 가정 자체가 유교의 교회이고 절이나 마찬가지다. 그야말로 세속적 삶 자체가 거룩한 종교적 삶이다. 성과 속의 세계가 명확하게 분리되거나 구별되지 않는 것이 종교로서의 유교의 특성이다.

사실 유교는 굳이 세간과 출세간, 성과 속을 구별할 필요가 없는 '종교 아닌 종교'다. 매우 특이한 종교라고 해도 좋다. 그리고 바로 이런 것이 유교의 장점일 수 있다. 유교는 한국인들의 일상적 삶 속에 배어 있다. 한국인들의 사고방식이나 인간관계, 가치관이나 도덕에서 유교의 가르침은 너무나 우리나라 사람들 가까이에 깊게 자리 잡고 있다. 우리 한국인들의 삶과 문화 속에 깊숙이 스며들어 있기 때문에, 한국 사람들은 이 사실을 의식조차 하지 못하고 살 정도다. 의식한다 해도 유교를 종교라고 부르지도 않고, 그럴 필요조차 느끼지 않는다. 하지만 외국인들의 눈에는 다르다. 한국인, 한국 문화, 한국 사회를 이해하려면, 그들은 유교를 '공부'를 통해서라도 반드시 알아야 한다는 생각이 확고하다. 우리나라 사람들은 그리스도교 신자, 불교 신자, 신을 믿는 사람이나 무신론자 할 것이 모두 유교 신자라 해도 결코 틀리지 않는다.

그런데도 이러한 사실을 우리나라 사람들이 제대로 인식하지 못한다는 사실은 매우 개탄스러운 일이다. 이런 유교의 장점을 제대로 아는지 모르는지, 몇 년 전에 유교의 수장 격인 분이 유교를 '종교화' 할 필요가 있다는 견해를 피력해서 논란이 된 적이 있었다. 이 논란은 그리 오래 지속되지 않았기 때문인지, 여론의 주목을 끌기에는 부족했다. 지금 생각해 보면, 차라리 더 오래 지속되어서 사람들이 유교에 대한 바른 인식을 갖게 하는 좋은 기회가 되었더라면 하는 바람도 없지 않다. 아마도 유교의 중요성에 대한 불충분한 이해가 매스컴에 종사하는 사람들에게도 암암리에 영향을 미쳤을지도 모른다. 유교가 우리 사회에서 일반인의 입에 회자될 정도로 문제가 되는 경우는 동성동본의 결혼 문제나 가끔 발생하는 '천인공노할' 범죄 같은 것을 개탄할 때, 혹은 공허하기 짝이 없는 '인성교육'의 필요성을 들먹일 때 같은 경우일 것 같다.

여하튼 유교의 종교화를 주창했던 그 지도자가 과연 어떤 생각으로, 혹은 그 문제를 깊이 생각해 보고서, 유교의 특성을 제대로 인식하고 그런 주장을 했는지 나는 잘 알 수가 없다. 다만 그러한 제안을 듣는 순간, 유교에 대한 이해가 부족하기 때문이라는 생각을 했던 기억이 있다. 그런 생각은 지금도 변함이 없다. 사실 그런 제안을 들었을 때 나는 그것이 단지 유교 이해의 문제만이 아니라는 생각, 행여 그런 생각의 배후에는 순수하지 못한 동기가 있을지도 모른다는 의구심마저 들었다. 유교의 종교화라는 엄청난 작업을 어떻게 해야 할지 구체적인 방도도 없이 생각나는 대로 한 즉흥적 제안이 아니었나 하는 생각도 든다. 사실이 아니었기를 바라지만, 짐작하건대 지극히 세속적이고 현실적인 이유 때문이 아니었나 하는 의문이 든다. 그리스도교, 불교는 종교로서 신도도 많고 헌금도 많이 들어오고 사회적 영향력도 상당한데, 우리 유교는 그렇지 못하고 정체 상태에 머물러 있다는 생각, 아니 점점 쇠퇴하고 심지어 잊혀가고 있다는 생각 때문이 아니었을까 하는 생각이 든다. 만약 이러한 이유가 유교의 종교화를 주창하는 데 조금이라도 동기로 작용했다면, 참으로 안타까운 일이고 유감스러운 일이다. 한마디로 말해서, 나는 유교의 종교화 담론은 종교도 모르고 유교도 모르는 사람이나 할 수 있을 법한 발상이라고 생각한다. 역설적이지만, 유교의 종교화를 외친다는 사실 자체가 오늘날 우리 사회에서 유교가 처한 '위기 아닌 위기'를 잘 반영하는 현상임이 아닐까 하는 생각이 든다.

이건 좀 다른 문제이긴 하지만, 어떤 사람은 그리스도교 중심의 종교관에 따라, 자기가 주장하는 것이 무엇인지도 잘 인식하지 못하고 불교도 종교가 아니라고 주장하는 일부 불교학자도 있다. 기독교가 '개독교'라고 불릴 정도로 떠도는 세인의 악평 때문인지, 종교라면 가까이하고 싶은 지식인이 별로 없다는 생각 때문인지, 불교는 종교가 아니라고 공공연히 말하지 않나 하는 생각이 든다. 현대인 일반의 반종교적 성향에 편승해서 불교는 종교가 아니라고 해야 포교에도 유리하다고 생각했을지도 모르겠다. 불교는 신을 믿을 필요가 없어도 되니 무신론이라는 말도 쉽게 들을 수 있다. 하지만 정말 그럴지는 깊이 생각해 볼 일이다. 그리고 그런 주장이 함축하고 있는 바가 무엇인지에 대해 매우 신중하게 생각해 볼 일이다.

여하튼, 유교는 불교나 그리스도교 같은 종교가 아니라는 것은 하나 마나 한 말이다. 하지만, 자기 종교의 장점을 모르고서 그렇게 주장한다면, 나는 큰 문제라고 생각한다. 유교와 불교의 경우, 설령 종교가 아니라 해도, 종교 대신에 깊은 영성이 있다면 그다지 문제가 되지 않을 것이다. 불교의 경우는 이 사실이 너무나 명백해서 굳이 지적할 필요도 없겠지만, 유교의 경우는 좀 사정이 다르다. 나는 우리나라 유교학자들이나 유교 지도자들의 입에서 유교는 종교가 아니라는 말은 들어 보았지만, 유교에 깊은 영성이 있다는 말은 들어본 적이 없다. 유교의 진짜 문제는 바로 여기에 있다고 나는 생각한다.

우리나라 지성인들이나 대학교수들조차 대체로 그리스도교를 잘 모른다는 생각이 든다. 안다 해도 매우 피상적인 주일학교 수준에 머물러 있다. 그리스도교는 처음부터 특정 문화나 사회에 밀착된 종교가 아니었다. 종말론적 신앙이 강하다 보니, 교회를 세상으로부터 부름을 받아 구별된 집단이라는 뜻으로 에클레시아(ekkaleo라는 동사에서 나온 말)라고 불렀는데, 교회는 세상적·세간적 삶의 질서나 방식을 청산하고 하느님의 부름에 응답하여 세상의 질서를 따르는 삶과 구별된 삶을 살겠다고 다짐하는 신자들이 모인 공동체다. 개인의 자발적인 신앙의 결단에 의해 형성된 집단이다. 신자들은 이 공동체의 멤버로서, 이제부터는 시대의 풍조나 사회의 가치에 따라 살지 않고, 하느님을 하늘 아버지(天父)로 삼아 세상·세간의 삶과는 전혀 다른 차원의 가치에 따라 살겠다고 다짐하는 신앙인들이 모인 공동체다.

서구문화를 좀 안다고 생각하는 사람은 서구 사회가 탈종교시대, 탈그리스도교 시대로 진입한 지 오래되어서 그리스도교가 거의 고사 상태에 있다는 사실을 지적하곤 하지만, 서구문화를 숭배하다시피 하는 지성인들이나 철학을 공부하는 사람도 서구 사회와 문화에는 아직도 그리스도교라는 종교의 뿌리가 비록 변형된 형태이기는 하지만 강하게 남아 있다는 사실을 의식하지 못하는 사람이 많다. 그리스도교가 서구 사회에서 외면당하고 있다는 사실, 정기적으로 교회에 다니는 사람이 얼마 안 된다는 사실은 누구나 다 알고 있지만, 정작 중요한 사실, 곧 서구인들의 삶과 사고방식에 그리스도교적 인생관이나 가치관 같은 것이 깔려 있다는 사실을 아는 사람은 별로 없다. 나는 그런 말을 피력하는 사람을 본 적이 없다. 하지만 서구 사회와 문화에는 수백 년에 걸쳐 진행된 세속화(secularization) 과정에도 불구하고, 아니 바로 그런 과정 때문에, 그리스도교적 가치관과 인생관이 여전히 서구인들의 삶에 살아 있다는 사실은 매우 중요하다. 이것은 마치 우리 한국에서 유교가 종교로서, 정치체제로서는 거의 힘을 잃고 사라진 것이나 다름없지만, 아직도 한국인들의 사회와 문화, 한국인의 심성과 인생관과 가치관 속에 유교적 유산이 짙게 깔려있다는 사실을 우리 한국인들이 잘 의식하지 못하는 현상과 유사하다.

하지만 그리스도교 신앙에 대한 개인적 호불호를 떠나 그리스도교의 바른 이해, 아니 종교 일반에 대한 바른 이해가 얼마나 중요한지, 적어도 서구문화를 잘 이해하고 서구 문명의 근본 성격을 제대로 파악하는 데 필수적임을 아는 일은 매우 중요하다. 가령 자연과 초자연, 성과 속, 종교와 철학 혹은 종교와 문화, 신앙과 이성 또는 계시와 이성, 교회와 국가의 확연한 구별과 거의 이원적 대립에 가까울 정도라는 긴장이 존재한다는 사실을 아는 일은 서구 문명을 이해하는 데 필수적이다. 또 역사의 세계에 대한 적극적 관심과 자세, 역사가 목적과 의미가 있는 과정이라는 사고는 동양적 세계관이나 인생관에서는 찾아보기 힘든 현상임을 우리는 알아야 한다. 거기에는 그리스도교의 영향이 매우 크다는 사실을 알 필요가 있다. 그뿐만 아니라, 자본주의의 종주국과 같은 미국 사회에서는 돈으로 안 되는 일이 황금만능 사회라고 자조적으로 자인하고 있는 우리나라보다 훨씬 많다는 말을 나는 우리나라 사람들의 입을 통해 들어 본 적이 별로 없다. 나는 미국사람들이 철저하게 개인주의적이라고 생각하지만, 한 번도 한국인들이 미국인들보다 일반적인 도덕적 수준이 높다고 생각해 본 적이 없다. 개인주의는 결코 이기주의를 뜻하는 말이 아니다.

유교는 종교가 아니라 단순히 도덕이나 정치사상이라는 견해는 18세기에 서양이 그리스도교 선교사들, 특히 예수회(Jesuit) 선교사들을 통해 중국과 유교에 대해 알게 되면서부터 서양인들, 특히 볼테르 같은 계몽주의 사상가들 사이에 널리 퍼지기 시작했다. 이것이 서양의 유교 이해에 그리고 우리 동양의 지식인들에게도 알게 모르게 영향을 미치게 되었다. 종교는 모든 전통사회에서 도덕적 질서의 근본으로 작용했다. 그리스도교 역시 서양 사회에서 그런 역할을 했고,

지금도 보수적 성향의 서양인들은 대다수가 그런 생각을 가지고 산다. 그들은 신을 믿는 종교적 신앙이 무너지면 사회의 도덕적 질서도 무너진다고 생각하는 경향이 강하다. 하지만 18세기 계몽주의 사상가들은 종교와 도덕의 연관성에 회의적인 시각이 머리를 들기 시작하면서 지성인들 사이에 자리를 잡았다. 그들 가운데, 전형적으로 칸트 같은 철학자는 도덕은 인간의 실천적 이성이 명하는 것이기에 종교적 뒷받침이 필요한 것이 아니라고 생각했다. 오히려 그는 종교적 동기의 뒷받침이 있으면 도덕의 순수성이 훼손된다고 생각할 정도였다. 계몽주의 시대의 서구 지성인들 가운데는 종교적 배경이 없어도 인간은 얼마든지 도덕적 삶을 살 수 있다는 도덕의 자율성을 믿은 사람이 많았고, 이러한 믿음은 중국의 유교를 알게 되면서 더욱 강화되었다. 그들은 유교와 중국인들의 삶을 보면서 인격신과 신의 계시를 믿는 신앙이 없어도 인간이 도덕적으로 살 수 있다는 그들의 신념을 더욱 굳혔다.

하지만 이러한 도덕 중심의 유교 이해는 유교 사상에 대한 왜곡된 이해를 초래하는 원인이 되기도 했다. 서구 계몽주의 사상가들의 반그리스도교 정서와 도덕주의적 유교 이해는 유교는 종교가 아니라는 견해를 강화했고, 이러한 유교에 대한 편견 내지 불충분한 이해는 동양의 지식인들에게 역수입되면서 그들의 유교관을 왜곡시키는 원인의 일부가 되었다.

나는 도덕이 유교에서 중요하지 않다는 말을 하고 있는 것이 아니다. 나는 또 성리학이나 양명학같이 동아시아 사상과 철학의 중추적 역할을 수백 년간 해온 형이상학적 사고가 기본적으로 도덕 형이상학의 성격을 띤다는 사실을 무시하는 것도 아니다. 하지만 공맹의 사상이나 신유학 사상을 단순히 도덕적 가르침 정도로 축소하거나 종교적이고 영적인 측면을 무시하거나 간과해버리는 것은 유학에 대한 바른 이해가 아니라고 나는 본다. 유교의 영적 측면에 대한 간과는 유교가 종교라기보다는 도덕이나 정치사상이라는 견해에 결정적인 역할을 하기 때문에, 나는 이 강의를 통해서 유교의 영적 측면—유교적 영성이라고나 할까—을 부각시키고자 하는 것이다.

흔히 유교의 가르침과 정신을 간단히 요약해서 수기안인(修己安人), 내성외왕(內聖外王)이라고 한다. 외왕 즉 군주의 이상적인 모습을 가르치는 것은 이미 지나간 시대의 유물이기에, 오늘날은 민주주의 정치인들과 시민운동을 하는 사람들의 도덕성과 인성이 중요한 요소가 되었다. 특히 나라의 최고 지도자인 대통령이나 내각 수반의 도덕성은 여전히 의미 있는 유교적 이상이라고 할 수 있다. 외왕의 이상보다는 안인의 정신이 유교적 사회의 이상을 잘 드러내 준다. 다만 안인의 개념에서 사람(인)이 '백성'이 아니라 오늘날은 국민이나 시민을 뜻한다고 보아야 한다. 또 과거 전통사회에서는 안인이 시혜적이고 온정주의(paternalism)적인 면이 강했다면, 오늘날 민주주의 사회의 안인은 국민의 당연한 '권리'라는 점이 결정적인 차이라는 사실을 현대 윤리는 명확히 인식해만 한다. 하지만 안인이나 외성의 이념과 달리, 수기 혹은 수신(修身), 즉 자신을 도덕적으로나 영적으로 완성하려고 갈고 닦는 노력은 사람이면 누구에게나 요구되는 유교의 보편적 정신이다. 현대 사회의 유교는 이제 개인의 윤리와 도덕성, 인성과 덕목이 중요한 요소로 간주될 수밖에 없다. 나는 이것을 유교적 최소주의라고 부른다. 개인의 수기, 즉 누구든 수기를 통해서 성인이 될 수 있고 되어야 한다는 이념은 아직도 유교가 모든 사람에게 요구하는 영원한 정신이다. 나는 이번 강의에서 이 점을 부각하고자 한다. 내성은 인간의 진정한 인간성을 실현하는 것이며, 유교의 정신임을 말해 준다. 나는 이러한 유교 정신은 현대 사회에서도 유교가 계속해서 지키고 살려 나가야 할 필수적인 정신적 유산이라고 본다. 앞으로 이에 대해 좀 더 논하겠지만, 나는 인간에 대한 신뢰, 도덕적 인간성에 대한 믿음이야말로 유교가 결코 저버려서는 안 될 소중한 정신적 유산이라고 생각한다. 물론 이와 함께 현대 한국은 서구의 여타 나라들처럼 개인의 자유와 평등, 인권과 법적 권리 그리고 사회 정의에 대한 관심 등 현대 세계가 요구하는 새로운 차원의 도덕적 가치들이 민주주의라는 정치 제도와 법적 장치와 함께 지속적으로 요구될 수밖에 없는 필수적 가치들이라는 사실도 우리는 확인할 필요가 있다.

맹자는 공자가 명확하게 말하지 않았던 문제 가운데 하나인 인간의 본성에 대한 주제를 매우 중요하게 다루었다. 인간의 본성이 선한 것인지 혹은 이기적이고 악한 것인지의 문제를 명확하게 제기하면서 자신의 사상적 입장을 명확하게 천명한 것이다. 맹자의 성선설은 그의 사상의 핵심이다. 그의 성선설은 유교뿐 아니라 동아시아 사상 전체에 지대한 영향을 미쳤다.

맹자는 자신의 성선설을 뒷받침하기 위해서 유명한 유자입정(儒子

入井)의 이야기를 동원했다. 어떤 아기가 우물에 빠지려고 하는데, 불쌍한 마음에 아기를 구해주지 않을 사람이 어디 있냐는 것이다. 모든 사람이 측은지심(惻隱之心)을 본성으로 가지고 있다는 것, 다시 말해 인(仁)이라는 덕의 단초 내지 싹이 인간의 본성에 존재한다는 주장이다. 이런 마음이 없는 사람은 없다는 주장이다. 맹자는 강조하기를, 측은지심이 없는 자는 사람이 아니라고 네 번이나 반복해서 강조한다. 단적으로 말해, 맹자에게 인(仁)은 곧 인(人, humanity)이다. 나는 이것을 주저 없이 유교적 휴머니즘(Confucian humanism)이라고 부른다. 맹자도 물론 우리에게 식욕, 성욕과 같은 이기적 욕망과 본성이 존재한다는 사실을 무시하지 않았다. 하지만 만약 우리 인간에게 본성적으로 선하게 살려는 마음이 없다면, 도덕이란 결국 우리의 본성에 반하는 억압적인 기제가 될 수밖에 없다고 맹자는 생각했다.

맹자 이래 성선설은 유교 사상의 근본이 되었고, 나는 이러한 도덕적 인간관이 유교 사상의 가장 소중한 유산이라고 본다. 현대 사상가들 가운데는 생물학적 인간관이 무슨 인간 해방의 복음이나 되는 듯 떠드는 사람이 있다. 도킨스의 이기적 유전자론이나 니체의 권력의지를 들먹이는 한국 학자들도 제법 많다. 하지만 나는 도덕이 인간성에 반하는 것이 아니라 인간성을 완성하는 것이라는 맹자적인 시각에 찬동한다. 그렇지 않으면 도덕성은 인간에 폭력을 가하는 외부적 기제가 될 수밖에 없다는 생각 때문이다. 나는 사회적 약자, 나보다 열악한 환경에 처한 사람들, 자신의 잘못 없이 고통을 받고 있는 무고한 사람들에 대한 측은지심은 도덕의 기초라고 보며, 이것 없이는 사람이 아니라는 맹자의 가르침이 유교의 가장 중요하고 아름다운 가르침이라고 본다. 나는 이러한 인간성에 대한 믿음을 유교의 도덕적 신앙(moral faith)라고 부른다. 여기서 믿음의 대상은 곧 하늘(天)이고 믿음의 주체는 곧 인간 자신이다. 좀 더 정확히 말하자면, 믿음의 대상은 하늘로부터 품수받은 인간성 자체다. 인성이 곧 천성이라고 유교 사상을 말한다. 유교의 도덕적 신앙에서는 이 하늘이 부여한 천성을 수행을 통해 발휘하고 완성함으로써 성인(內聖)이 되는 천인합일을 이루는 것이 종교성 내지 영성의 핵이다. 유교에서는 신성은 인간성이고, 진정한 인간성의 실현이 곧 신성의 실현이다. 유교에서는 인성이 천성이고 인도가 천도이며, 인륜이 곧 천륜이기 때문이다.

이러한 유교의 도덕적 신앙은 어떤 교리를 믿는 행위가 아니라 인간의 자기 성찰과 자기 긍정이고 자기 신뢰다. 유교적 신앙은 기본적으로 자기 신뢰 내지 하늘의 섭리(天命)에 대한 신뢰(trust, fiducia)다. 곧 하늘이 인간에게 부여한 성품이 일상적인 삶에서 우리들의 도덕적 마음과 행위의 근거가 된다는 믿음이며, 이것은 곧 하늘에 대한 믿음이고 인간과 자연에 대한 믿음이기도 하다. 나는 현대 유교가 이러한 유교의 단순하면서도 심오한 믿음, 즉 신뢰로서의 믿음을 회복해야 할 자산이라고 생각한다. 이 자산은 단순히 도덕적 신앙 내지 신뢰가 아니라, 우주적이고 형이상학적인 믿음이다. 현대 유교는 유교의 다른 요소들은 다 무시한다 해도, 이 신앙만은 결코 버려서는 안 될 소중한 자산으로 삼아야 한다고 나는 본다. 이러한 인간성에 대한 도덕적 믿음을 저버리고 현대에 유행하고 있는 각종 도덕 이론들은 도덕의 기초를 제공하는 데 모두 설득력이 약하고 실패했다고 보기 때문이다.

여하튼 맹자의 성선설이 함축하고 있는 유교적 휴머니즘은 이러한 인간성에 대한 믿음에 바탕을 둔다. 맹자에게는 도덕은 인간성의 자연스러운 발로이며 연장이다. 맹자에 따르면, "우리는 본래 우리 안에 덕을 지니고 있다. 우리는 그저 그것에 관해 생각하고 있지 않을 뿐이다." 『맹자』에서 내가 가장 중요한 단락으로 여기는 구절을 인용하자면 다음과 같다. 이 구절은 맹자의 도덕 사상의 요체를 간략하고 아름답게 표현하고 있다: "자신의 마음을 다하면 자신의 본성을 알게 되고, 자신의 본성을 알게 되면 하늘의 뜻을 알게 된다. 자기 마음을 보전하고 자기 본성을 함양하는 것이 바로 하늘을 섬기는 길이다."

우리가 맹자의 '도덕적 신앙'(moral faith)이라고 부르는 것은 기본적으로 루소나 칸트의 사상과도 일치한다. 루소와 칸트에게 신에 이르는 길은 기본적으로 도덕적 행위와 삶이다. 루소는 말하기를 "참된 예배는 우리의 올바른 행위이다"라고 한다. 양심은 하늘의 목소리(voix celeste) 또는 신의 목소리(vox dei)다. 칸트 역시 루소의 이러한 관념을 받아들여 양심을 이성의 목소리(voix de la raison)로 간주했다. 이는 맹자 사상과 매우 가깝다. 맹자는 우리 안에 내재하는 도덕적 성향을 '양능'(良能)이라고 부르며, 우리 안에 내재하는 도덕적 앎을 '양지'(良知), 우리 안에 내재하는 도덕적인 마음을 '양심'(良心)이라고 부른다. 우리는 이 세 용어를 각각 하늘이 부여한 우리 본심의 '도덕적 능력', '도덕적 앎' 그리고 '도덕적 마음'이라고 해도 좋을 것 같다.

맹자는 또 말하기를, 우리가 획득하는 일 없이 가지고 있는 능력이 양능(良能)이고, 사람들이 생각하지 않고도 가지고 있는 앎이 양지(良知)다"라고 뚜렷하게 밝히고 있다. 맹자가 말하는 이 세 가지 천부적 능력 가운데서 후에 왕양명(王陽明)은 특별히 '양지'를 자신의 도덕철학의 토대로 삼았다. 신유학에서 가장 영향력 있는 철학자 주희(朱熹, 1130~1200)에 따르면, '양'(良)은 '본래의 선함', 곧 하늘이 부여한 우리의 도덕적 본성을 의미한다. 따라서 "자신의 마음을 다할 때 자신의 본성을 알게 되고, 자신의 본성을 알게 될 때 하늘을 알게 된다." 그리하여 "자신의 마음을 보전하고 자신의 본성을 함양하는 것이 곧 하늘을 섬기는 길이다"라고 한 것이다.

맹자에게 인간의 마음과 본성과 하늘(天)은 불가분적인 삼자관계(triad)를 형성하며, 나는 이것이 맹자 사상의 핵심이라고 본다. 유교의 도덕적 신앙은 인간의 마음으로부터 인간의 본성과 하늘로 이어지는 도덕적이고 존재론적인 연속성에 기초하고 있다. 이러한 존재론적 연속성을 강조하는 형이상학적 세계관에 기초해서, 유교는 하늘과 인간의 완벽한 일치, 즉 천인합일(天人合一)을 우리가 추구해야 할 영성의 최고 경지로 간주하는 것이다. 이런 점에서 유교는 여타 종교들에서 추구하는 절대적 실재와 인간의 신비적 합일(unio mystica)의 영성과 근본적으로 다르지 않다.

맹자에게 도덕성은 단지 인간만의 관심사가 아니라 우주적 토대를 가지고 있다. 우리는 심지어 호연지기(浩然之氣)를 말하는 맹자에게 도덕이 신비적 차원을 가지고 있다고까지 말할 수 있다. 곧 우리의 도덕적 마음과 본성과 하늘이라는 세 요소의 완벽한 일치를 추구하는 '도덕적 신비주의' 같은 것이다.

좀 더 넓게 말하면, 유교의 도덕사상에 대한 나의 관점은 '유신론적'(theistic)이라고 할 수 있다. 전통적인 그리스도교의 초자연적 유신론이이 아니라, 서구 사상에서 오랜 전통이 있는 자연법(natural law) 사상과 부합한다는 뜻에서 유신론적이라고 말할 수 있다. 자연법이란 도덕의 핵심 덕목, 가치 그리고 그 규범과 원칙 등이 세계의 구조와 성격 자체에, 곧 외부적 자연(external nature) 세계에 새겨져 있다는 세계관에 근거한 삶의 질서다. 도덕성은 하늘 혹은 신에 의해 우리 인간의 본성에 특별하게 부여된 성품이며, 우리 안에 도덕적 본성(moral nature)으로 새겨져 있다고 여긴다. 도덕성은 따라서 '자연적'이다. 스토아 철학적 의미에서 '자연적'이든, 유교에서 말하듯이 하늘이 우리의 본성으로 부여한 것이든, 도덕적 성품 내지 성향은 인간에게 자연적이다. 나는 이것을 넓은 의미의 유신론으로 간주한다. 적어도 서구적 의미의 무신론적 자연주의(naturalism)는 아니다. 그리고 나는 이것이 유교적 도덕성과 영성의 핵심이라고 본다. 유교적 도덕성의 '우주적 차원'이다. 유교에서 도덕성에 대한 신뢰는 도덕의 우주적 성격에 대한 믿음에 기초하고 있다. 이것이야말로 유교에서 우리가 세계와 인간에 대하여 알아야 할 가장 중요한 진리라고 유교 사상은 증언한다. 나는 이러한 인간의 도덕성에 대한 신뢰, 그 우주적 차원에 대한 신앙을 '유교적 신앙'(Confucian faith)이라고 보며, 이 신앙이야말로 유교 영성의 핵심이라고 본다.

따라서 나는 유교 도덕론에서 그 우주적 성격과 인성론적 기반을 도외시하고, 성리학이나 양명학의 도덕적 형이상학과 인간론을 공자의 '원시'유교 사상에 반하는 것으로 보는 일부 현대 유학 사상 연구의 동향 가운데 하나인 반 형이상학적 유교 이해에 동의할 수 없다. 이것은 마치 구약성서의 신관과 신앙이 본래 거칠은 베두인족의 신앙과 사막의 종교의 성격을 지니고 있었지만, 그리스도교에서 그리스 철학과의 만남을 통해 보편적 진리를 주장할 수 있는 토대를 구축한 것과 유사하게, 공자의 소박한 원시 유교 사상이 주자학이나 양명학 같은 철학을 통해서 보편적 진리의 기반을 갖춘 것과 유사한 현상이다. 이러한 형이상학적 기반이나 인성론적 차원을 도외시하고 유교를 현대적 안목으로 보는 것은 유교 사상의 심각한 왜곡이다.

도덕은 인간의 자의적인 합의나 선택, 단지 인간이 만들어낸 사회적 현상이 아니라 하늘이 부여한 인간의 본성에 기초한 것이라는 믿음은 유교에서 빼놓을 수 없는 요소다. 이런 의미에서 도덕은 '자연적'이다. 이러한 믿음과 형이상학적 이론과 영성이 없이는 도덕은 자의성과 우연성을 면하기 어렵다. '자연법적'이라는 말은 도덕과 법이 단순히 사회적 필요에 따라 인간이 만들어 놓은 인위적인 질서가 아니라 우주적 차원과 인성론적 토대를 가지고 있다는 것을 뜻한다. 만약 그렇지 않다면, 사회의 모든 실정법과 도덕적 가치는 자의적이고 억압적인 성격을 면할 수 없다는 것이 맹자 이래 유학사상가들의 공통된 생각이다. 우리는 이 점에서 유교가 단순히 도덕적 가르침 이상이라는 것, 그것을 뒷받침해 주는 깊고 정교한 이론을 갖춘 형이상학적 체계와 영적 인간관에 기반하고 있다는 사실을 깊게 이해해야만 한다고 본다. 그리고 유교 유산을 안고 사는 현대 한국인으로서 조상들에게 감사하는 마음과 존경심과 자긍심을 가지는 것이 마땅하고 생각한다. 이러한 사상적 기반이 없이 유교 윤리는 동아시아 문화의 기반 역할을 할 수는 없었을 것이다. 현대의 반 형이상학적 정서에 무비판적으로 편승하여 유교 사상의 형이상학적 기반을 무시하거나 방기해서는 안 된다고 나는 생각한다. 유교의 사상과 이론, 도덕적 신앙과 휴머니즘 그리고 우주적인 영성의 핵을 우리는 맹자와 거의 동시대에 산출된 문헌으로 간주되는 『중용』의 유명한 첫 구절에서도 확인할 수 있다: "하늘이 명한 것을 [인간의] 본성이라고 한다. 본성을 따르는 것이 도(道)이고, 도를 따르는 것을 가르침(敎)라고 한다." 바로 이러한 사상적 기반 위에 유교의 천인합일의 영성이 형성된 것이다.

　유교 전통에서 도덕성의 우주적 차원은 장재(張載), 정호(程顥)와 정이(程頤) 형제 그리고 주희(朱熹)와 같은 신유학자들에 의해 더욱 심화되었고, 왕양명의 형이상학과 마음(心) 개념, 특히 양지(良知) 개념에서 절정을 이룬다. 아이반호(Ivanhoe)는 이러한 차원을 다음과 같이 기술한다.

　맹자는 전통에 기초한 공자의 도덕성을 마음의 즉각적인 반응에 기초한 도덕성으로 전환함으로써 도덕성의 범위를 확장했다. 우리는 왕양명의 도덕성 관념이 지니는 범위를 검토할 때, 그가 이러한 과정을 몇 단계 더 취했음을 본다. 왕양명은 우리가 느끼는 연민의 감정이 식물이나 기와나 돌에까지도 미치며, 인(□)이 우주의 모든 구석에까지 미친다고 주장했다. 이러한 주장은 우리가 가지고 있는 인(□)의 감정에 기반을 둔 그의 주장과 일관된다. 이 감정은 우주의 기저에 깔린 '하나 됨'을 반영한다. 다만 이러한 관념이 맹자에게는 전혀 낯설었을 뿐이다.

아이반호(Ivanhoe)는 왕양명 사상에서 도덕성이 지닌 우주적 기반에 대해 우주 자체의 기저에 깔려 있는 '하나 됨'에 있다고 본다. 그에 따르면, 어떠한 불의를 범하든 그 불의는 자신에게 가해지는 불의이고, 어떠한 무질서든 자신이 겪는 질병이고, 어떠한 상처든 자신의 몸이 고통을 겪게 된다. 이러한 주장은 개인의 구원과 세상의 구원을 매력적인 방식으로 통합한다. 이러한 입장은 언제나 신유학에서 분명히 느낄 수 있는 것이며, 필시 보살의 역할에 대한 대승불교의 관념에서 파생되었을 것이라고 지적한다.

제8강

자력과 타력

현대 한국 개신교의 '오직주의' 신앙의 극복은 시급한 신학적 과제다. 그리스도교 복음에 대한 편향된 이해를 조장하고 수행의 노력이 필요 없다는 오해를 조장함으로써 개신교 신앙의 도덕적 해이와 저질화를 초래한 주범 가운데 하나라고 생각되기 때문이다. 오늘날 한국 사회에서 가장 많은 비난의 화살을 맞고 있는 종교는 두말할 필요 없이 기독교—흔히 '개독교'라고 세인들의 조롱을 받고 있는—라는 데 이의를 제기할 사람은 별로 없을 것 같다. 개신교 교회를 모두를 싸잡아 비판하는 것은 정당하지 않지만, 어물전 망신은 꼴뚜기가 시킨다는 속담처럼 몇몇 대형교회의 막무가내식 교역자 세습이나 법과 상식을 어기고 자기 땅도 아닌 지하공간을 불법으로 점령하고 마음대로 사용하는 교회, 엄연히 국민이 민주적 절차에 따라 선출한 대통령을 공공연히 '빨갱이'라고 외치면서 청와대를 습격해서 자리에서 끌어내리겠다고 떠드는 집단을 만들어내고 방치하는 종교가 개신교다.

　　작년 크리스마스 때쯤에 필자는 한 언론사와 대담을 한 일이 있었는데, 기자가 한 말이 생각난다. 도대체 기독교 신앙이 무엇이기에, 이런 말도 안 되는 현상들이 백주 대낮에 벌어지고 있는데도 교계는 손 하나 쓰지 못하고 있을 수 있는가 하는 질문에, 나는 할 말이 없어 문제를 딴 데로 돌렸던 기억이 난다. 도대체 상식이 통해야 무슨 말이라도 할 터인데, 상식과 합리적 사고를 아예 무시하는 집단을 두고서 무슨 말이 소용 있겠는가? 그리고 한국 개신교계에서 벌어지고 있는 이런 말도 안 되는 작태를 교회와 별 상관없이 살아온 젊은 여기자를 내가 어떻게 이해시킬 수 있겠는가 하는 생각도 들었다. 어린 시절부터 줄곧 교회에 다니면서 이상한 톤의 목소리로 열변을 토하는 교회 지도자들의 설교나 입에 거품을 물고 하느님과 신도들을 교육이라도 시키려는 듯 토하는 장로님들의 뜨거운 기도를 많이 듣고 자란 사람에게는 이런 비상식적인 행동들이 별로 낯설지 않지만, 따지고 보면 지금 일어나고 있는 각종 비상식적인 일부 한국 기독교 신자들이 벌이는 행태는 이미 예고되어 있는 것이나 다름없다는 생각이 든다. 하지만 광신적 '신앙생활'과는 무관하게 자라서 성인이 된 여기자의 눈에는 도저히 이해할 수 없는 기이한 일들임에 틀림없었을 것이다. 결국 나는 말할 가치조차 없는 문제들을 제기하려는 기자의 물음에 안쓰러운 마음과 수치스러운 마음이 들어 슬그머니 화제를 다른 데로 돌리기에 바빴다. 그러면서 기독교 신앙의 본질을 묻는 기자의 질문이 너무도 반가워서, 그에게 마치 두어 시간 강의라도 하듯 떠들었던 기억이 난다.

평생을 개신교 신자로 살아온 필자에게 타종교를 대할 때 가장 먼저 이해시켜야 할 가장 중요한 문제는 동양의 철학적 종교들로서는 이야기 중심의 그리스도교의 성서적 신앙이 쉽게 이해되기 어렵다는 큰 역설이다. '역설'이라고 말하는 이유는, 이야기란 어려운 진리를 알기 쉽게 전달하는 장점이 있는 법인데, 그리스도교의 경우 오히려 그 반대가 문제이기 때문이다. 쉬운 이야기 중심의 종교가 더 이해하기 어려운 장애가 된다는 것은 실로 아이러니다. 도가사상이나 유교 성리학, 불교의 철학적 가르침 등 모두 심오한 지혜의 가르침을 담고 있기 때문에, 내용이 알기 어렵다 해도 그런 가르침은 알아서 무엇하냐는 식의 반응을 자아내지는 않는다. 지금은 내가 이해하기 어렵다 해도, 언젠가는 깨닫게 되는 날이 올 것이라는 기대도 있다. 이와 대조적으로, 성서의 이야기 중심의 내용, 가령 이스라엘 민족의 이야기나 예수가 행한 기적 이야기를 전하는 복음서는 깨달아야 할 진리라기보다는 신앙의 대상으로 믿어야 하는 이야기들이라는 데 문제가 있다. 이해하기가 어렵다기보다는 무의미하게 들린다는 것이 큰 문제다. 특히 지성인들과 지식인들에게는 더욱 그렇다. 사람들은 복음서나 구약성서에 나오는 이스라엘의 역사 이야기나 숱한 기적 이야기들을 대하면서 말한다. 그런 먼 나라 사건들이 실제로 일어났다손 치더라도, 그게 지금 우리와 무슨 상관이 있느냐고 냉소적 반응을 보인다. 더군다나 사람들은 성서의 허다한 기적 이야기들을 대하자마자 그게 사실이냐고 묻는다. 과학적 상식과 사고방식에 익숙해진 현대인들은 과학적 사실이야말로 진리의 척도라고 생각한다. 오늘날의 사람들은 이야기가 지닌 영적 의미 같은 것에는 관심이 없고, 그것이 사실이냐 아니냐 하는 사실적 진리, 문자적 진리가 우선이다. 사실이 아닌 이야기를 듣자마자 '신화' 같은 이야기라고 치부하면서 아예 관심을 접는다.

차라리 성경에 나오는 숱한 이야기들이 그리스 신화 같은 이야기라면, 좀 배운 사람들은 신화를 놓고 사실이냐 아니냐를 묻기보다는 그 신화가 말하고자 하는 의미가 무엇인지를 묻는다. 그리스도교의 경우, 의심 많은 신학자들까지 포함해서 성경에 나오는 이야기들, 가령 이스라엘 백성이 물이 갈라진 홍해를 건너 이집트를 탈출한 이야기가 차라리 신화라고 하면 몰라도, 적어도 어떤 역사적 근거가 있는 이야기라고 한다. 신화적 이야기가 아니라 역사의 하느님이 일으킨 구원의 사건이라고 고집한다. 무엇보다도 하느님은 불의한 역사를 외면하는 분이 아니라 자기 백성의 억울한 호소에 귀를 기울여주시고 이스라엘이라는 선민의 역사에 특별한 관심을 가지고 관여하는 분이며, 이 특정 민족에 일어난 역사적 사건을 통해서 자신을 드러내고 계시하시는 분이라고 믿는다. 성경 이야기들의 역사적 사실성에 회의를 품는 사람들에게는 이러한 점이 더 삼키기 어렵다. 성경의 메시지는 심오한 진리를 담고 있다고 생각되지는 않고, 단순한 이야기들이 사실이라고 믿기를 요구하는 그리스도교가 오히려 더 심각한 문제라고 생각한다.

이 시점에서 내가 어떻게 불교에 대한 진지한 관심을 가지게 되었는지, 어떻게 결국 불교학을 나의 전공 분야로 삼게 되었는지에 대해 밝히는 것이 좋겠다. 나는 대학에서 서양철학을 전공했지만, 대다수의 학생들처럼 철학과의 문을 두드리게 된 동기는 무슨 전문적인 철학 교수가 되려 하기보다는 인생 문제에 대한 고민과 관심이 지배적 동기였다. 말하자면 종교적 동기가 더 강했고, 신학 공부를 하겠다는 생각에 철학과의 문을 두드렸다. 그런 이유 때문인지 나는 서양철학에 대한 흥미를 곧 잃어버리고 대학 시절부터 인생의 지혜를 제시하는 듯한 동양사상과 철학에 더 큰 관심을 가지게 되었다. 불교도 나의 마음을 끌었다. 군 복무를 마치자마자 미국 유학길에 오른 것도 철학 공부를 위해서가 아니라 신학 공부를 하려는 마음에서였다. 당시 예일대학 신학부에서 공부하고 있을 때 나는 예일대 학부에서 개설한 어느 교수(S. Weinstein)의 불교사 강의를 수강한 적이 있었는데, 그의 강의는 내가 젊은 시절에 가졌던 불교에 대한 생각, 즉 불교는 좋긴 좋은 데 출가 수행자는 몰라도 일반 신도들에게는 너무 어려운 종교라는 생각을 일거에 불식해버렸다. 불교에도 기독교 같은 철저한 타력신앙이 있다는 사실을 강의를 통해 처음으로 알게 된 것이다. 일본의 정토불교 사상과 철저한 타력신앙의 불교였다. 놀라운 점은 이러한 신앙의 종파인 신란(親鸞, Shinran)의 정토진종(간단히 眞宗이라고 불리는)이 소수가 믿는 종파가 아니라 일본불교의 주류가 되다시피 한 큰 종파로서 많은 신도를 거느리고 해외 선교도 한다는 사실이었다. 개신교 신앙과 매우 유사하게 오직 아미타불의 중생구제를 위해 발한 본원의 힘을 믿는 마음(信心)으로 받아들이면 구원(해탈)이 가능하다는 메시지를 전하는 종교였다. 즉 복음주의 신앙이 불교에도 있다는 사실이 나에게 준 충격은 아무리 강조해도 지나침이 없다. 나는 그 후 일본에서 1년간 온전히 신란 연구에 몰두할 수 있는 기회가 있었고, 그 결과『일본의 정토사상』이라는 연구서를 출간하기도 했다.

그 내용을 간략히 소개한다. 우선 언급할 사항은 정토사상과 신앙이 우리 한국불교에도 없지 않지만, 한국불교에서는 정토신앙이 독자적 종파나 세력을 형성한 일이 없었다는 사실이다. 더군다나 계정혜(戒定慧) 삼학을 닦는 전통적인 성도문(聖道門)을 아예 포기하고 아미타불의 은총을 믿는 철저한 타력신앙의 정토사상을 제시한 적도 없었다. 일본불교사는 헤이안(平安) 조까지만 해도 중국불교나 한국불교와 별 차이 없이 전개되었지만, 가마쿠라(鎌倉) 시대로 접어들면서 이른바 신(新)불교 운동이 전개되면서 계정혜 삼학을 추구하는 전통적인 수도 종교에서 신앙을 위주로 하는 대중 불교, 말하자면 '민중불교' 운동으로의 일대 전환이 일어나면서 일본불교의 모습을 완전히 바꾸어 놓게 되었다. 정토종, 정토진종, 일련종, 조동종 등이 모두이때 창립된 종파들이고 오늘날은 거의 일본불교를 주도하게 되었다. 이들 가마쿠라 신불교라 불리는 종파들이 전하는 메시지의 특징은 단 하나의 수행에만 전념해야 한다는 배타적인 전수(專修, senju) 정신이었다.

그 가운데서도 호넨(法然)이라는 스님은 당시 불교의 중심지인 교토 근교의 히에이산(比叡山)에서 수도했는데, 전통적인 자력 수행의 불교에 절망하던 중 자력 수행의 길을 포기하고 민중 속으로 들어가 오로지 쉬운 염불행에만 전념하는 운동을 펼쳤다(淨土宗). 그리고 이 운동에 몸을 던져 그의 제자가 되었고 나중에는 스승의 가르침을 철저하게 신심(信心) 즉 타력신앙 위주로 해석한 신란(親鸞)은 결국 새로운 종파(淨土眞宗)를 수립하게 되었다. 그는 오직 염불행을 강조하는 스승 호넨의 가르침을 따랐다가 지옥에 떨어진다 해도 후회하지 않을 것이라고 말할 정도로 정토왕생을 위한 염불행을 강조하는 스승의 가르침에 열심이었다. 하지만 그는 점점 이 쉬운 수행이라는 염불행(易行)마저도 진실한 마음으로 할 수 없다는 자신의 범부의식(자기는 어떤 수행도 제대로 할 수 없는 갈 데 없는 범부에 지나지 않는다는 의식)에 절망한 나머지 염불행보다는 아미타불에 자신의 구원을 전적으로 맡기는 신심을 더 강조하기에 이르렀다. 여하튼 염불이든 신심이든 자기 자신의 공로나 공덕이 될 수 없다는 생각에 신란은 염불행과 신심마저 오직 아미타들이 자신의 공덕을 중생에게 돌리는 회향(廻向) 덕분임을 강조하게 되었다. 자기 자신에 절망하는 신란의 가르침으로 가장 잘 알려진 것은 이른바 악인정기설(惡人正機說)이라는 것인데, 선한 사람도 구원을 얻는데 하물며 악한 사람이야 말할 것 있겠냐는 역설적 말이다. 마치 죄가 많은 곳에 은총이 더 많이 있다는 사도 바울의 말을 연상하게 만든다.

내가 예일대 신학부에서 신학을 공부하는 시절에는 지난 세기 개신교의 최고 신학자로 추앙받는 바르트(K. Barth)의 신학에 매료되어 있었는데, 이 무렵 그의 주저인 『교회교의학』(Church Dogmatics) 제1권에 나오는 신란의 타력신앙에 대한 그의 반응을 접하게 되었다. 바르트가 어떻게 신란 사상을 접하게 되었는지 나는 잘 모르지만, 오로지 예수 그리스도를 통한 하느님의 계시 외에는 인간으로부터 하느님께 이르는 길은 없다는 그의 계시 중심적인 신학에 매료되었던 때라, 큰 관심을 가지고 읽게 되었다. 신란 사상에 대한 그의 이해가 비교적 정확하기는 했지만, 그의 결론은 나를 크게 실망시켰다. 간단히 말해, 불교의 타력신앙이 자신이 신봉하는 복음의 진리와 유사하지만, 그래도 그것으로는 안 된다는 것이다. 바르트가 말하는 안 되는 이유가 황당했다. 단지 거기에는 그리스도의 이름이 없다는 이유 때문이라는 것이다. 나는 이것은 대신학자의 말이라고 하기는 너무나 어이없다는 생각이 들었다. 진리는 누가 말하든, 어느 종교가 말하든, 진리다. 그 후 나는 정신을 차리고 바르트 신학에 등을 돌리기 시작했다. 바르트의 신학이 그 후 비록 달라졌다고 하지만, 나의 종교다원적 신학이 더 이상 바르트의 신학을 수용할 수 없다는 점은 분명하다고 하겠다.

염불행의 정토불교는 한국불교에도 삼국시대부터 있었지만, 그렇게 철저하게 자력 수행을 포기하고 아미타불이 발한 자비의 본원(本願) 단 하나에 자신의 전 존재와 구원을 거는 철저성과 진지함은 없다. 자기 자신에 절망하고 말세의식이 강했던 신란은 중생에게는 어떤 수행도 가능하지 않고 어떤 노력도 소용없다는 생각이 강했다. 따라서 그는 철저한 신앙 불교, 복음주의 신앙의 불교의 메시지를 전하게 된 것이다. 한국불교와 일본불교를 가르는 결정적인 차이 가운데 하나다.

계정혜 삼학을 닦는 길을 포기한 불교가 정말 불교일 수 있을까 하는 의문이 생기는 것은 당연하다. 그 정도로 신란의 가르침은 철저했다. 바로 이것이 신란에 의해 수립된 정토진종의 특징이다. 나는 이러한 타력 신앙 위주의 불교, 쉬운 길(易道)과 쉬운 수행(易行)을 주장하는 불교를 주저 없이 불교의 '복음주의' 신앙이라고 부른다. 마르틴 루터와 종교개혁자들의 금과옥조 같은 '오직 믿음으로'(sola fide)만, 오직 은총(sola gratia)으로만 인간의 구원이 가능하다는 사상보다 더 강하면 강하지 못하지 않다.

사실, 나는 개인적으로 복음주의 신앙이 값싼 은총을 남발하는 오늘의 한국의 개신교를 망친 주범이라고 생각하지만 ―인간의 상식과 이성을 깡그리 무시하는 '묻지마 신앙'을 조장하고 더 나아가서 인간의 도덕적 노력이나 영성 수련까지 싸잡아 무시하게 만들고 값싼 은총을 남발하게 하는 주범이라고 생각이 들지만― 오늘 강의의 주제가 자력과 타력, 수행과 은총이 종교에서 배타적 선택의 대상이 아님을 논하는 것이기에, 복음주의 신앙이 지닌 다른 문제들에 대한 더 이상의 언급을 피한다.

신란의 철저하고 순수한 타력 신앙에 따르면, 역설적이지만 신란 이전에 통용되던 정토문과 성도문, 이도와 난도의 구별이 역전된다. 모든 것이 아미타불의 회향(回向)의 공로 때문이지, 나 같은 범부 죄인에게는 진실된 수행이나 믿음조차 불가능하다는 신란의 깊은 죄의식은 그로 하여금 아무리 쉬운 염불행이라도 자신의 공로가 될 수 없다고 생각하게 만들었다. 그는 심지어 염불행이나 정토왕생을 향한 진실한 신심(信心, 신앙)조차 범부중생에게는 없다고 여기는 철저한 범부의식에 따라 자기 자신의 노력이나 공로에 의지하려는 작은 교만이라도 용납하지 않는 순수한 타력신앙의 길을 제시했다. 결과적으로 쉬운 길이 오히려 계정혜 삼학을 닦는 전통적인 성도문의 어려운 길(難道)보다 더 어렵다고 말할 정도가 되었다. 중생의 교만한 마음이 자력의 길을 포기하지 않고 자신의 구원을 위해 무슨 공덕이라도 쌓을 수 있다는 그릇된 생각에 집착하도록 만들기 때문이라고 그는 생각했다. 이도가 난도보다 오히려 더 어렵다고 여기에 만든 이유다.

여기서 우리가 주목할 점은, 역설적이지만 순수 타력신앙이 자력 수행보다 더 어려운 일이라고 생각이 들 정도로 둘은 사실상 '자기 포기'라는 부처님의 가르침에서 일치한다는 사실이다. 결국 종교에서는 자기 포기, 무아의 진리가 필수적이고 보편적인 진리다. 자기가 무엇을 한다는 교만이 설 자리가 전혀 없는 길이기 때문이다. 계정혜 삼학을 닦는 수행의 종교도 궁극적으로는 자기 자신, 자아를 포기하라는 부처님의 무아(무아, anātman)의 가르침을 따르는 것이고, 철저한 타력신앙도 자아 포기, 적어도 자기가 수행을 통해서 자신의 해탈을 위해서 무언가를 기여할 수 있다는 공로주의 내지 공덕신앙을 철저히 포기하고 부처님의 자비에 자신을 전적으로 맡기는 신앙의 길도, 무아의 길이라는 점에서 일치한다는 역설적 진리를 우리는 확인할 수 있다. 결국 종교에서 아무리 수행이 중요하다 해도 자력의 오만이 설 자리는 없다. 선불교에서도 깨달음은 깨달음을 성취하려는 집착마저 떠난 상태에서 자연스럽게(저절로) 이루어지는 것이라고 말하는 이유도 여기에 있다. 노력 아닌 노력이 필요한 것이다.

복음주의란 철저한 죄의식, 자신이 갈데없는 '범부'에 지나지 않는다는 의식에 기초하고 있다. 신란의 진종에서는 이러한 철저한 죄의 자각과 부처님의 은혜를 진실한 마음으로 깊이 믿고 자각하는 것을 이중심신(二重深信)이라고 한다. 기독교에서 너무나 잘 알려진 찬송가, 그래서 지금은 인기 있는 대중가요가 되다시피 한 〈놀라운 은총〉(Amazing Grace)이라는 노래가 말하듯이, 자신은 도저히 구원받지 못할 비참한 존재(wretched like me)라는 의식이 복음주의 신앙의 근본이다. 그리스도교의 복음주의이든, 불교의 복음주의든, 복음주의 신앙의 첫째 조건을 자기 자신에 대한 깊은 죄의식이고 절망이다. 따라서 자신의 수행이나 공덕에 조금이라도 기대려는 교만한 마음을 철저히 비우고 그리스도의 은총이나 부처님의 은총에 자신을 온전히 맡기는 신앙이 요구되는 것이다. 아주 쉬운 길 같지만, 역설적으로 아주 어려운 길이기도 하다. 여하튼 이래저래 종교에서 자력과 타력, 수행과 은총은 결코 이원적 대립가 선택의 문제가 아니라는 사실, 종교에서 자력의 오만이 설 자리는 없다는 진리를 우리는 확인할 수 있다.

그리스도교 신학자 틸리히는 신앙(믿음)이란 하느님이 나의 부족함과 죄악에도 불구하고 하느님 편에서 먼저 나의 죄를 묻지 않고 있는 그대로 받아주셨다(accept)는 사실—이것이 복음(gospel), 즉 복된 소식, 기쁜 소식이다—을 내가 단지 받아들이는 것(acceptance of acceptance)이라고 표현한 적이 있다. 이 말은 신란의 아미타불 신앙(복음)에도 그대로 적용될 수 있다. 복음주의는 자기 자신의 힘으로는 도저히 헤어나기 어려운 죄의 늪에 빠져 있다는 절망감 없이는 성립되기 어렵다. 내가 나 자신을 구원할 수 있다고 자신의 도덕적 공로나 노력, 자신의 학식이나 영성 수련 같은 것을 조금이라도 자랑하거나 내세우면, 심지어 부처님의 이름을 끊임없이 외우는 염불행조차도 자신의 자랑이나 의지처로 삼으면, 순수한 타력 신앙이 되기는 어렵다는 것이다.

따라서 오직 은총, 오직 신앙을 강조하는 개신교 교회가 일반적으로 수도 전통이 전무하다시피 한 현상도 바로 이 때문이고, 성인을 배출하지 못하는 이유도 이에 기인한다. 나는 개인적으로 이러한 태도가 지나치다고 생각하지만, 죄가 많은 곳에 은혜가 더 한다는 사도 바울의 역설도 이런 복음주의 시각을 반영하고 있다. 도덕과 수행을 게을리할 위험이 있기 때문에 타력신앙은 비판을 받는다. 해독제가 있다고 독극물을 함부로 먹어서는 안 된다는 신란의 경고 역시 복음주의 신앙에 공통적인 경고로서, 경청할만한 말이다. 하지만 이보다 더 어려운 점은 나라는 존재가 자신을 포기하는 철저한 마음의 가난과 무아의 진리를 따르기가 지극히 어렵다는 정직한 자기 성찰이다.

나는 불교의 철저한 타력신앙을 접하면서 불교를 보는 나의 시각이 획기적으로 변하게 되었다. 선불교와 정토신앙은 현재 대승불교를 대표하는 두 가지 길인데, 하나는 자력수행의 길이고, 다른 하나는 타력신앙의 길이라는 일반적 견해는 옳지 않다. 나는 한편으로는, 마이스터 에크하르트의 그리스교 신비주의 영성사상을 접하면서 나의 그리스도교 이해뿐 아니라 불교와 그리스도교가 진정으로 만날 수 있다는 확신을 가지게 되었고, 다른 한편으로는 신란의 철저한 타력신앙의 불교를 접하면서 불교와 그리스도교의 복음주의 신앙이 만날 수 있다는 확신을 가지게 되었다. 나는 이러한 확신에 입각하여 불교와 그리스도교뿐 아니라, 힌두교, 유교, 도가사상 등 동서양을 대표하는 모든 종교들이 창조적으로 만날 수 있다는 그리고 만나야만 한다는, 시대적 사명감마저 가지게 되었다.

그 후로 나는 이에 관한 책과 논문들을 마음의 거리낌 없이 쓰게 되었고, 강화도에서 심도학사라는 공부와 명상의 집을 운영하면서 종교다원적 신학과 다종교적 영성을 추구하고 있다.

내가 불교와 그리스도교라는 두 종교, 특히 두 가지 형태의 복음주의 신앙을 연구하면서, 또 불교철학이나 그리스도교의 철학적·형이상학적 신관을 공부하면서 도달하게 된 한 가지 중대한 결론은, 종교의 세계에서는 '자력'이라는 것이 사실상 존재하지 않는다는 것, 아니 존재할 수도 없고 존재해서도 안 된다는 결론이다. 그리고 자력수행의 길만 배타적으로 강조하면서 마치 하느님의 은총을 개신교의 독점물이라도 되듯이 떠드는 개신교 복음주의자들의 편협한 견해는 잘못된 것이라는 사실을 깨닫게 되었다. 간단히 말해, 은총이든 수행의 노력이든 다 하느님으로부터 온 것이고, 둘 다 필요하다는 마이스터 에크하르트의 통찰에 나는 전적으로 공감한다. 은총을 모르는 수행은 교만하고 고달픈 수행이 되기 쉽고, 수행 없이 은총만 노래하는 신앙은 값싼 은총으로 변질되기 쉽고 종교를 타락의 길로 이끌기 쉽다. 나는 이런 점에서 자력과 타력, 수행의 노력과 은총이 둘 다 필요하고 상보적이라는 입장, 신학 용어로는 협동론자(synergist)다. 솔직히 말해서, 나는 내가 그 속에서 자라난 개신교 신앙과 신학 전통보다는 인간의 이성과 수행을 더 중시해온 가톨릭 신앙 전통에 더 관심을 갖게 되었다. 나는 가톨릭 신학의 초석을 놓은 성 토마스 아퀴나스의 유명한 선언, "자연(이성)은 은총을 파괴하는 것이 아니라 완성한다"는 선언을 좋아한다.

다시 한번 강조하지만, 순수한 종교의 세계, 신앙의 세계에서는 엄밀히 말해 '자력' 즉 자기 자신의 힘을 믿는다는 생각이 차지할 자리는 없다. 내가 하지 않은 일, 나의 노력 없이 주어진 것은 모두 은총이라고 나는 생각한다. 이렇게 생각하면, 사실 누구든 자기가 한 일이 그리 많지 않다는 사실을 곧 알 수 있다. 자신을 둘러싼 환경과 무수한 주변 여건들, 나의 부모로부터 물려받은 신체의 건강이나 두뇌의 능력, 내가 만난 스승이나 선배, 친구나 동료들을 생각해볼 때, 우리가 프랭크 시나트라의 유명한 노랫말처럼 "I did it my way"(내 방식대로 했다)라고 과연 큰소리칠 수 있을까?

불교는 자력, 그리스도교는 은총이라는 도식적 시각은 지나친 단순화이고 심각한 왜곡이다. 자력이든 타력이든, '나'라는 생각에 사로잡힌 한, 내가 한 것이라고 여기는 한, 순수성은 사라진다. 나이가 들면서, 내가 한 것은 아무것도 없다는 생각, 모든 것이 하느님의 은총과 도우심 때문이라는 생각을 점점 더 자주하게 되고 깊게 깨닫게 된다. 불교든 그리스도교든 '나'라는 교만이 차지할 공간은 없다. 모든 것이 남의 도움으로, 하느님의 은총으로 되었다는 사실에 감사하고 겸손한 마음만이 있을 뿐이다. 역설적이지만, 타력의 완성은 물론이고 자력의 극치와 완성 역시 바로 이 '자기'라는 생각, 내가 무언가를 했다는 자만, 이 '나'라는 아만(我慢, ahamkāra)에서 자유로워지는 순간 주어진다는 사실을 기억하자.

제9강

개인윤리와 사회윤리

전통사회의 윤리는 주로 개인의 덕성이나 인격의 완성에 초점을 두는 덕의 윤리의 성격이 짙었다. 전통사회에도 사회윤리가 없지는 않았지만, 주로 한 사회의 신분 윤리가 중심이었다. 하지만 이러한 윤리가 전통사회에서 근대 민주사회, 시민사회로의 변화에 따라 윤리도 내용과 성격이 크게 변하게 되었다. 과거 전통사회는 가족이나 혈연 중심의 공동체(Gemeinschaft) 윤리(ommunitarian ethics)의 성격이 강했고, 주로 아는 사람들 사이의 친소관계에 따른 차별적 윤리의 성격이 강했다면, 근·현대 민주사회, 시민사회의 윤리는 모르는 타자들 간의 윤리, 평등한 개인들 사이의 권리와 의무의 윤리, 특히 법적 제도의 뒷받침이 있는 윤리가 지배적이다.

과거 전통사회에서는 종교의 사회적 역할도 주로 신분 윤리를 강조하면서 부조리하고 불공정한 사회체제나 제도를 하느님의 뜻 혹은 자연의 섭리와 질서로 정당화하고 옹호하는 역할을 수행했다. 따라서 종교는 세계 어디서나 사회질서의 보루처럼 간주되어 왔다. 한 사회에서 기득권을 누리는 사람들과 특권을 누리는 보수층의 지지를 받았다. 오늘날도 신자나 비신자를 막론하고 많은 사람이 종교가 사회질서의 보루라고 생각하는 사람이 많다. 따라서 종교는 전통적으로 사회윤리나 정의 문제 같은 데는 관심이 별로 없었고, 그런 문제에는 관여해서도 안 된다고 생각했다. 전통사회에도 부조리한 사회제도를 개선하는 데 앞장서는 사람이 간혹 있기는 했고, 심지어 지상의 유토피아를 꿈꾸는 사상가들도 없지는 않았지만, 어디까지나 예외적 현상이었고, 사회를 바꿀만한 운동으로까지 되지는 못했다. 공산주의나 다른 형태의 전체주의들이 지상낙원의 꿈으로 집단의 구원을 약속하고 대대적인 사회변혁을 꾀했지만, 모두 실패했다는 사실을 20세기의 역사는 여실히 보여준다. 적어도 개인의 자유와 자발성을 무시하는 윤리는 현대 세계에서 더 이상 찾지 못할 것이다.

사회라는 개념 자체가 많이 달라졌다. 전통사회는 주로 가족이나 혈연이나 출신 지역이나 고향을 중심으로 하는 운명 공동체(Gemeinschaft)가 거의 전부였고, 현대 시민사회는 모든 사람의 자유와 권리에 입각한 사회, 개인들이나 시민들이 자발적으로 특정한 목적을 위해 형성하고 참여하는 사회단체나 조직체(Gesellschaft, society)다. 전통사회의 윤리는 주로 개인의 인격 함양에 치중하는 덕의 윤리(ethics of virtue)나 신분의 차이에 따른 신분 윤리 혹은 운명공동체들의 구성원들 사이의 친소관계에 입각한 '아는 사람들' 사이에 지켜야 할 도리나 의무에 치중하는 윤리다.

벤자민 넬슨(Benjamin Nelson, *The Idea of Usury*. 고리대금의 윤리)이라는 사회학자의 표현을 빌리면, 전통사회들의 윤리는 피를 나눈 사람들 사이의 친소관계에 기초한 씨족 혹은 부족의 형제애(tribal brotherhood)의 윤리였다. 자기들끼리는 이자를 주고받지 않는다. 기독교나 불교 등 세계 종교들은 이런 부족 윤리의 한계를 넘어 만인의 사랑을 강조하는 보편적 형제애(universal brotherhood)의 윤리를 제시했지만, 이는 꿈일 뿐, 실제로는 모두가 타자가 되어버리고 보편적인 타인 간의 윤리(universal otherhood)가 지배하게 되었다. 근·현대 사회에서는 가족 간에도 돈을 빌려주고 이자를 주고받는 사회가 된 것이다. 하지만 이러한 타자 간의 윤리가 전통사회의 신분 윤리가 지닌 배타성의 한계를 넘어섰다는 점에서는 긍정적이지만, 새로운 문제들을 낳았다는 점에서 이제는 극복의 대상으로 여겨지게 되었다. 현재 한국 사회의 윤리는 아직도 유교적인 전통사회의 윤리가 많이 남아 있다는 사실은 모두가 알고 있다. 그만큼 민주사회의 시민윤리, 모르는 타인에 대한 윤리가 아직 충분히 발달하지 못했다.

여하튼 전통사회를 지배한 덕의 윤리는 그 내용에 있어서도 타인들과 함께 사는 사람들이 지켜야 할 시민사회의 윤리와 큰 차이가 있다. 전통적인 덕의 윤리와 현대 시민윤리 사이에는 개인의 도덕성과 덕 있는 삶을 평가하는 기준 자체가 매우 달라졌다. 가령, 전통적인 유교의 덕의 윤리가 주로 나이나 성별 그리고 신분의 고하에 따른 덕이나 예의범절, 더 나아가서 가난한 사람이나 불행에 처한 사람에 대한 따뜻한 배려와 온정을 강조하는 윤리이면서도, 이혼이나 과부의 재가 금지 등 엄격한 가족윤리의 규범을 강조했다면, 현대 시민사회의 윤리는 음주운전을 해서는 안 되고 교통법규를 잘 준수하는 일, 탈세하지 않고 부과된 세금을 충실히 납부하는 납세의 의무와 병역의 의무를 다하는 일, 더 나아가서 말도 안 되는 저임금으로 노동을 착취하지 않고 종업원의 인권을 존중하고 '갑질'하지 않는 일이 훨씬 더 중요하게 평가된다. 쓰레기 분리수거의 원칙을 잘 지키는 일도 지금은 시민사회의 중요한 윤리로 간주된다.

현대 사회의 시민윤리는 개인윤리보다는 사회윤리의 중요성을 강조한다. 부당한 법과 불공정한 사회제도를 개선/개혁하려 노력하지 않고 개인의 선행이나 덕행만을 강조하는 개인윤리는 위선이 되기 싶다는 비판을 받는다. 개인윤리에 치중하는 사람은 자기가 불의한 사회가 제공하고 있는 각종 혜택을 누리고 있음에도, 자신은 법을 어긴 적이 없고 착하게 산다는 허위의식에 사로잡히기 쉽다. 현대 사회의 의인은 자기가 불공정한 사회에서 온갖 기득권과 혜택을 누리고 산다는 사실에 일말의 죄의식과 부채의식이라도 느끼고 사는 사람이다. 이러한 죄의식 내지 부채의식이, 십계명 같은 종교적 율법을 잘 지키고 산다는 자만심보다 훨씬 더 중요하다. 종업원에게 갑질하지 않고 인격을 존중하는 일이 가난한 사람에게 간헐적으로 베푸는 온정이나 시혜보다 훨씬 더 중요한 것이다. 자신이 누리는 행복이 불공정한 사회에서 누릴 수 있는 특혜와 특권일 수 있다는 의식이 요구된다.

현대 우리 한국 사회에서 많이 거론되는 아파트 투기 문제만 해도 그렇다. 본인이 의도했든 안 했든, 아파트 값의 급격한 상승은 명백히 불로소득을 낳는다. 혹자는 자기는 집이 달랑 한 채밖에 없기 때문에 집을 팔고 이사할 수도 없는데, 날더러 어떡하라고 부동산 투기를 한 사람처럼 비난하는가 하고 따진다. 이득이 생겼지만 아직 실현되지 않는 수익에 대해 고가의 세금을 부과하는 일은 부당하다고 항의하는 사람도 많다. 하지만 이런 궤변에 속을 사람은 별로 없다. 그의 개인적 사정이 문제의 핵심이 아니다. 그가 투기를 의도했는지도 문제의 본질이 아니다. 명백한 사실은 그의 재산이 사회 절대다수를 점하는 평범한 사람들이 평생 뼈 빠지게 일을 해도 축적하지 못할 정도로 단기간에 아무 한 일 없이 불어났다는 명백하게 불공정하다는 사실이다. 이러한 부조리를 막기 위해 엄청난 이득과는 비교가 안 될 정도의 세금을 부과한다고 불평하거나 부당하다고 항의하거나 궤변을 늘어놓는다면, 그야말로 양심에 화형을 맞은 사람이라는 생각이 들 정도로 사회정의의 문제는 현대 사회에서 첨예한 관심사다. 현대 사회의 윤리는 부동산 투기가 개인 인격 위주의 덕의 윤리 (the ethics of virtue) 차원을 넘어 법과 제도의 문제라는 사실을 명확히 인식할 필요가 있다. 불로소득이 발생하면, 개인적으로는 일종의 미안한 마음이라도 느껴야 하고, 각종 부동산 투기를 규제하는 대책을 오히려 불충분하다고 비판하면 했지, 불평하고 저항해서는 안 되는 것이 현 한국 사회의 윤리가 요구하는 도덕적 명령과도 같다.

현대 사회에서는 옛날 전통사회에서는 생각조차 하지 못했던 사회정의가 매우 중요한 문제, 아니 가장 중대한 도덕적 문제로 부상한다. 현대 사회로 오면서 개인윤리와 사회윤리의 차이, 둘은 차원이 다르다는 인식이 두드러지게 되었다. 불공정한 사회제도가 신의 뜻이라고 생각하는 사람은 이제 아무도 없다. 고정불변의 실체로 생각하는 사람도 없다. 어떤 사회제도든지 우리 인간이 만들어 놓은 것이기에, 불합리하고 부조리하면 언제든 민의에 따라 바꿀 수 있고 바꾸는 것이 마땅하다고 사람들은 생각한다. 개인적 선행보다는 법과 제도의 개혁을 훨씬 더 중요하게 여긴다.

이러한 현대 세계의 새로운 사회윤리의 중요성과 개인윤리의 위선과 허위에 대한 인식에 영향을 받아, 종교계에서도 전통적인 덕의 윤리를 넘어 만인의 평등성과 인권, 행복과 사회정의에 초점을 맞추는 사회윤리, 커져만 가는 빈부의 격차, 날마다 악화되고 있는 환경 생태계 위기 등이 다른 어떤 개인적 도덕의 문제보다도 현대인들의 도덕적 관심의 대상이 되었다.

그렇다고 개인윤리가 필요 없다거나 중요하지 않다는 말은 결코 아니다. 문제의 근본적인 해결을 위해서는 우리가 사는 사회의 법과 제도를 바꾸지 않으면 안 된다는 의식이 필요하다는 것이다.

현대 세계에서 종교계가 사회윤리를 강조할 수밖에 없는 이유를 들자면, 첫째는 종교는 민중의 아편이라는 마르크스 같은 세속주의 사상가의 종교비판—주로 기독교 비판—을 언급할 수밖에 없다. 둘째로, 프랑스 혁명 등 혁명의 시대를 경험한 대중들의 주체의식이다. 현대인들은 모든 사회제도가 역사적 산물이고 인간이 만들어 놓은 것이기에 언제든 민의에 따라 실제로 바꿀 수 있다는 사실을 목격했다. 더 이상 신성한 사회제도는 없다. 아마도 많은 사람이 혼인이나 장례 등 가족제도나 가족 간의 도리로 간주되는 윤리를 빼놓고는 그렇다고 생각할 것이다. 셋째, 따라서 종교도 이제는 개인윤리 차원의 도덕주의적인 교화나 교훈적인 설교를 넘어, 부조리한 사회제도나 체제를 과감하게 비판하고 개혁하는 일에 앞장서야 한다는 의식이 일반화되고 있다. 부조리하고 부도덕한 사회에서, 개인윤리에 호소하는 일은 명백한 한계가 있고 결코 문제를 본질적으로 해결하지 못한다는 의식이 보편화되고 있기 때문이다. 그렇지 않고 개인의 선의나 선행에만 호소한다면, 젊은 사람들에게는 하나마나한 잔소리나 다름없다. 오히려 자기는 불공정한 사회질서의 온갖 부당한 혜택을 누리면서도 의로운 사람이라 허위의식만 조장할 위험이 있다. 부조리한 사회제도를 영속화시키는데 일조하는 결과만 초래하게 된다. 넷째, 특별히 주목할 만한 변화는 개인윤리의 한계를 의식하면서 사회윤리의 독자성과 필요성을 강하게 의식하는 윤리의식의 변화다. 이러한 변화를 가장 잘 반영하는 대표적인 예는 저명한 기독교윤리학자이자 신학자인 라이홀드 니버(Reinhold Niebuhr)로서, 그의 명저『도덕적 인간과 부도덕한 사회』(Moral man and immoral society)는 이 문제를 다루는 현대의 고전이 되다시피 한 책이다. 간단히 말하면, 개인이 아무리 선한 의지를 갖고서 도덕적 삶을 살려고 해도, 사회 자체와 제도가 부조리하고 부도덕하다면 무력하기 짝이 없다는 것이다.

여하튼 현대 세계에서는 이런 사회윤리와 사회개혁의 필요성을 강조하는 각종 운동들이 종교계에서도 출현했다. 그리스도교에서는 사회복음(social gospel) 운동, 종교사회주의, 해방신학이나 민중신학이나 여성신학, 환경생태 신학 같은 운동이 출현했는가 하면, 불교에서도 개인의 영성을 키우는 일을 넘어 사회참여의 중요성을 의식하고 강조하는 참여불교(Engaged Buddhism) 운동도 출현했다. 우리나라 종교계에서도 이러한 신학운동이 활발히 전개되기도 했다. 다양한 형태의 사회개혁에 중점을 두는 종교계의 움직임들이 보이는 공통점은 사회문제에 대한 개인윤리 차원의 대응은 명백한 한계가 있다는 자각이다. 현대 사회가 직면한 각종 문제를 해결하기 위해서는 개인의 덕목이나 덕행 그리고 선의에 호소하는 일은 명백한 한계를 넘어 오히려 허위의식이라는 생각이 커지고 있다. 불공정한 사회제도를 개혁하거나 환경생태계를 파괴하는 생활습관을 본격적으로 바꾸지 않는 한, 문제는 계속해서 악화일로를 걸을 것이라는 강한 의식이 보편화되고 있는 것이다.

현대 세계에서는 윤리와 정치가 분리되지 않고, 분리되어서도 안된다. 좋은 의미로 하는 말이다. 간디 같은 사람은, 종교와 정치가 분리되어야 한다고 말하는 사람은 정치도 모르고 종교도 모르는 사람이라고 꼬집었다. 법과 제도를 고치는 일은 정치가 가장 강력한 수단이고 무기라는 사실을 모르는 사람은 이제는 없을 것이다. 그런데도 가령 선거에 투표하지 않겠다고 혼자만 잘난 듯 큰소리치는 사람이 있다면, 그런 사람은 현재 세상, 현재의 사회질서가 이대로 좋다고 생각하는 것이나 마찬가지라는 사실을 분명히 의식할 필요가 있다. 누군가의 부도덕한 행위를 묵인하고 잘못된 관행과 사회제도에서 막대한 이득을 취하고 있는 누군가의 행위를 눈감아주고, 의도하든 안 하든 동조하는 셈이다. 현상유지가 최선이라는 무언의 정치 메시지를 주는 정치적 행위를 하고 있는 셈이다. 선거 때가 오면, 정치하는 놈들은 다 썩었다고 싸잡아 비판하면서 정치에 대한 환멸을 조장하는 사람을 우리는 주위에서 종종 본다. 마치 자기 자신은 아무런 도덕적 결함이나 책임이 없는 양 떠드는 사람들이다. 우리는 그런 사람들에게 당신 자신의 모습을 보라고 말하고 싶다. 부조리하고 부도덕한 사회에서는 누구도 혼자만 깨끗할 수 없다는 사실, 심지어 산속에서 '자연인'으로 산다고 하는 사람에게도 불가능하다는 인식이 중요하다고….

민주사회에서 자유와 정의는 어느 것이 우선이라고 말하기 어려울 정도로 필수적인 가치다. 특히 정의는 현대 세계에서 일종의 초가치, 수퍼가치(supervalue), 다른 모든 가치를 능가하는 가치 중의 가치다. 아무리 개인이 도덕적이고 참한 인물이라 해도 부조리한 사회질서를 방관하고 그런 사회에서 알든 모르든 이득을 취하고 산다는 사실을 외면하는 사람을 우리가 과연 마음으로 존경할 수 있을까? 정의는 물론 개인들의 관계에서 지켜야 하는 개인적 정의도 있고, 사회 전체가 실현되어야 할 사회정의도 있다. 개인적 정의는 타인도 자기가 원하는 가치나 종교, 직업이나 경제활동 그리고 취미 생활이나 기타 삶의 방식과 취향을 선택할 수 있는 자유와 권리가 있다는 점, 자신의 자유가 소중한 만큼 타인의 자유와 인권도 존중하고 침해하지 말아야 한다는 의식이 필수적이다. 이는 민주사회의 시민윤리가 요구하는 최소한의 상식이고 필수적인 도덕이다. 누구나 법 앞에서 평등하다는 생각은 필수다. 또 사회는 누구나 공정한 게임을 할 수 있도록 각종 법적 조치를 취해야 한다고 사람들은 생각한다. 사회복지는 이제는 더 이상 선택의 문제가 아니라는 사실을 우리는 이번 코로나 대유행의 사태를 보면서 모두가 절실하게 깨닫게 되었다. 장애자나 가난한 사람들에 대한 복지정책으로 평등하고 공정한 사회가 되어야 한다는 생각은 이제 모든 사회에서 상식으로 자리 잡게 된 것이다. 정의로운 공정한(justice as fairness) 사회가 되려면, 타고난 질병이나 신체적 조건의 장애로 인해 공정한 경쟁을 할 수 없는 사람들을 위한 제도적 차원의 배려, 지역 여건이나 교육을 받을 기회의 차이에서 오는 불평등 같은 불공정한 경쟁의 조건을 개선하거나 최소화하기 위한 복지정책이 필수다. 복지정책을 통해서 개인의 타고난 불이익이나 열악한 환경에서 오는 불이익을 사회가 보충하고 개선해주지 않으면 안 된다는 의식이다. 그러려면 가진 자들이 사회를 보는 의식의 변화가 반드시 필요하다.

현대 사회에서는 자유와 정의라는 두 상위 가치의 균형이 바람직한 사회의 모습이라는 데 대체로 의견이 모아지고 있다. 아직 이러한 이상에 도달한 사회는 지구상 하나도 없고, 거기에 비교적 근접한 사회는 몇몇 꼽을 수 있지만, 최근의 코로나 19로 초래된 사태는 이러한 판단마저 의심하게 만들고 있다.

다시 말하지만, 이상과 같이 개인윤리와 사회윤리를 구별하는 것은 결코 개인윤리가 중요하지 않다는 말이 아니다. 전통사회의 덕의 윤리는 오늘날의 의무 윤리 같은 것이 지닌 약점을 보완해준다. 특히 우리가 왜 도덕적으로 살아야 하는지, 도덕적 행위의 동기 문제는 현대 윤리학이 해결하기 어려운 심각한 난제이다. 이런 점에서 우리는 유교의 도덕적 전통이 우리 한국인들의 의식에 아직 강하게 남아 있다는 사실을 고맙게 여길 수밖에 없다. 우리나라처럼 도덕을 강조하는 사회는 세계 어디에도 없다고 할 수 있을 정도다. 우리 사회는 도덕주의적인 사회다. 도덕주의적인 사회는 많은 위선을 낳기 마련이지만, 그래도 유교의 도덕적 인간관과 인성론에 의하면, 도덕적 인성을 무시하는 사람은 사람이 아니라고 맹자는 강조한다. 그만큼 유교 윤리가 한국인들의 마음속에 도덕적 동기를 자명한 것으로 여기는 생각이 자리 잡고 있다. 윤리는 단지 이론이나 사상으로는 안 된다는 의식이 현대 윤리학자들 가운데 많이 거론되고 있다는 사실은 의미심장하다. 덕의 윤리가 새삼 주목을 받고 있고, 도덕은 사회적, 문화적 관습이고 습성이라는 생각도 새롭게 힘을 얻고 있다.

우리는 사회개혁 운동에 헌신하던 사람들 가운데 간혹 자신의 이기적 욕망을 제어하지 못해 큰 치명적인 도덕적 실수로 인해 크게 망신을 당하는 경우를 가끔 본다. "자기가 실천하지 못할 것 같으면 말이라도 하지 말아야지" 하고 사람들은 비난하기 쉽지만, 입은 삐뚤어졌어도 말은 바르게 하라는 말이 있듯이, 그래도 말이라도 옳게 해서 사람들의 의식을 깨우치는 일도 여전히 중요하다. 자기가 평소 주장하고 말한 대로 실천하지 못하는 위선자라고 사회운동에 힘쓰는 사람들을 싸잡아 비판하면, 과연 그 결과가 어떨지, 그런 비판을 하는 사람 자신은 과연 어떻게 살고 있는지는 안중에 없는 사람들이 많다. 그런 비판은 당연하지만, 비판에 앞서 자기 자신의 모습을 성찰하고 그런 비판이 어떤 사회적 결과를 초래하고 누구의 이익을 위한 것인지 신중히 생각해 볼 필요가 있다. 아직도 사회개혁이나 사회정의의 이념이 우리나라 종교계 다수의 지지를 받으려면 갈 길이 멀다는 사실을 잊지 말자.

한국 종교계의 지도자들만이라도 역사의식과 사회의식에 눈을 떠야 한다. 더 이상 사회문제를 외면할 수 없기 때문이다. "사회정의 문제를 외면하고 무슨 윤리나 도덕을 논하는가"라고 할 정도로 현대인들의 의식은 크게 변했다. 종교계는 이런 의식을 따라가지 못하고, 체질적인 보수라는 생각이 들 정도로 시대에 뒤떨어졌다. 하지만 이러한 종교계에 변화가 없는 것도 아니다. 세계 가톨릭계의 지도자인 현 프란시스 교황의 경우를 보아도 우리는 이러한 사실을 금방 알 수 있다.

마지막으로 나는 종교에서 강조하는 용서와 정의 문제에 대해 언급하고 싶다. 용서는 우선 피해자의 권리이고 몫이다. 가해자는 피해자가 그만하라고 할 때까지 몇 번이고 용서를 빌어야 한다. 개인윤리의 차원에서는 물론 우리는 나에게 잘못한 사람이 진정으로 용서를 빌고 화해를 요청하면 몇 번이라도 용서해야 하고―이것이 예수의 가르침이다―, 또 용서와 함께 행여 나 자신에게도 허물이 있지나 않았는지 자신을 돌아보는 겸손도 필요하지만, 무조건 용서만 강조하는 일, 특히 제삼자가 강요할 일은 아니다. 또 무조건 자기가 옳다고 우기는 것도, 자기만 정의롭다는 독선도 피해야만 한다. 정의감이 있는 것도 좋지만 독선은 진정한 화해에 도움이 되지 않는다. 정의의 기초는 공정성이다. 따라서 정의를 실현하려면 누가 옳고 그른가를 식별하고 따지는 일은 필수적이기 때문에 문제를 악화시킬 우려가 크다. 그렇다고 무조건 사과하는 일, 특히 제삼자가 요구하는 것이나 형식적인 사과도 문제의 바른 해결은 못 된다. 정의와 사과의 문제는 실로 복잡하다. 쉽고 간단한 문제가 아님을 알 수 있다.

기독교인들은 잘못은 동료 인간에게 하고, 용서는 하느님께 받았다고 떠드는 사람들이라는 비판이 있다. 이창동 감독의 영화 〈밀양〉이 생각난다. 이 영화는 우리에게 용서의 의미에 대해 여러 생각할 문제를 제시한다. 또 이웃 나라 일본과 위안부 문제도 용서에 대해 시사하는 바가 크다. 아직 단 몇 명이라도 과거의 아픈 기억이 있어서 용서할 권리가 있는 할머니가 살아 계시는 동안, 일본이 진정으로 용서를 구하는 모습을 보면 좋겠지만, 용서도 힘이 있어야 받는 것이 현실이 아닌가 하는 회의가 들 때가 많다. 일본의 현 정치인들에게는 사과를 기대하기가 점점 더 어려워지고 있는 것 같다.

여하튼 현대 세계에서는 종교가 개인의 인격을 완성하는 덕(virtue)의 윤리 못지않게, 사회정의의 문제에 관심을 가질 수밖에 없다는 것은 상식이다. 그리고 종교가 도덕의 토대라는 인식은 전통사회에서도 개인윤리의 차원에서는 항상 존재해 왔고 지금도 그렇지만, 현대 시민사회에서는 개인윤리를 넘어 사회윤리, 특히 사회정의가 제일의 가치라고 할 정도로 첨예한 문제로 대두되었다, 종교들도 더 이상 이러한 사실을 외면하지 못하게 된 것만은 명백한 사실이다. 무엇보다도, 부조리한 사회에서는 개인들도 도덕적으로 살기 어렵다는 사실을 의식하게 되었다. 이와 함께 개인윤리의 한계가 너무나 명백하게 드러났다는 사실을 기억하자.

한국 종교계의 보수성의 보루는 개신교의 이른바 복음주의 신앙이다. 복음주의 신앙의 대전제는 인간의 죄악은 결코 인간 자신의 노력으로는 해결할 수 없다는 생각이다. 자기 스스로 해결하려면 문제만 더 키우고 악화시킬 뿐이라고 생각한다. 자칫하면 그놈이 그놈이라고 생각하게 만들어서 윤리적 판단을 흐리게 할 위험이 있다. 이런 생각은 복음주의 신앙인들로 하여금 사회비판이나 개혁에 소극적이게끔 만든다. 개인윤리나 수행마저 필요 없다고 하면서, 우리 같은 죄인이 어떻게 감히 하느님의 아들 예수를 본받는가 하면서 '값싼 은총'을 남발하고 취하기 쉽다. 지나친 죄의식을 수행을 강조하는 불교를 비판하게 만드는 요인이 된다는 점을 명심하자.

어느 방직공장의 이야기가 생각난다. 실타래가 엉키면 즉시 현장감독(foreman)을 부르라는 말이 큰 글자로 벽에 쓰여 있다고 한다. 만약 현장감독 없이 엉킨 실타래를 스스로 풀려 하면 할수록, 점점 더 사태를 악화시키기 때문이다. 이와 마찬가지로, 인간은 죄의 문제를 스스로 해결하려 하면 할수록, 오히려 점점 더 죄의 수렁에 빠지게 된다고 복음주의 신앙은 주장한다. 오직 위로부터 주어진 하느님의 은총, 예수 그리스도의 속죄의 죽음을 받아들이는 믿음만이 인간의 희망이고 구원이라는 생각을 한다. 지난번 〈종교 10강〉 가운데 제7강에서 나는 불교에도 지독한 복음주의 신앙이 있다는 사실을 소개했고, 더 나아가서 엄격히 말해 종교의 세계에는 '자력'이란 설 자리가 없다는 점을 강조했다. 오늘 나는 이 문제를 다시 논할 수는 없고, 복음주의를 자처하는 한국 개신교계의 위선과 모순에 대해 사회윤리적 관점에서 몇 가지 사실을 지적하고자 한다.

첫째, 우리나라 복음주의 신앙을 따르는 사람들이 정말로 깊은 죄의식이라는 것을 가지고 있는지 의심이 들 때가 많다. 이러한 의심은 한국 복음주의 신앙인들이 특별히 양심이 무디거나 부도덕하다는 말이 아니다. 문제의 핵심은 복음주의 신앙인들이 개인윤리에만 관심이 있다 보니 개인윤리의 한계와 위선에 대한 자각을 하지 못한다는 데 있다. 개인윤리와 사회윤리의 질적 차이에 대한 명확한 의식이 없기 때문이다. 따라서 사회악에 대한 인식과 비판정신이 있을 리가 없다. 예수가 이 세상에 오신 것은 오로지 우리 죄를 대속하려고 죽기 위해서 오셨다는 생각밖에는 하지 않는다. 사회악에 대한 의식이 박약하다 보니 사회악에 대한 분노도 없고 사회정의에 대한 관심도 약하다. 이런 문제들에 대한 종교적 관심이 약할 수밖에 없는 것이다.

죄의식은 비판의식을 수반하기 마련인데, 문제는 복음주의 신앙의 비판의식은 잘해야 주로 개인을 향한다는 사실이다. 개인윤리의 차원, 즉 고작해야 자기 자신과 타인의 개인적 비리나 부도덕한 행위에 대한 비판이나 고발 차원에 국한된다는 것이다. 사회문제나 정치문제가 나오면, 다 썩었다고, 바꿔보아야 별수 없다고 말할 뿐, 분노도 없고 아무 행동도 취하지 않으니, 실제로는 "이대로가 좋소이다"고 말하는 것과 다르지 않다. 아직도 개인윤리와 사회윤리가 차원이 다른 문제라는 의식이 부족하기 때문이라고 나는 본다.

간단히 말해서, 사회정의는 만인을 위한 사랑이다. 정의와 사랑은 결코 다른 것이 아니고, 대립적인 것은 더욱 아니다. 사회정의는 오히려 개인적 자비나 사랑의 행위보다 더 순수한 사랑이라는 인식이 필요하다. 제도화된 사회정의나 사회윤리는 사회적 약자들에게 자선을 베푼다는 생각 없이 베푸는 더 순수한 사랑이다. 남에게 시혜를 베푼다는 생각, 은덕을 베푼다는 생각 없이 하는 순수한 사랑이다. 사회정의를 통한 사랑은 예수의 가르침대로 그야말로 '왼손이 하는 일을 바른 손이 모르게' 하는 순수한 사랑이고, 불교에서 말하는 무주상자비(無住相慈悲)다. 누군가에게 무언가를 베푼다는 상(上, 생각) 없이 베푸는 순수한 베풂이다. 그야말로 '상(相)에 집착하지 않는 보시'(無住相布施)를 실행하는 길이다. 보상을 바라는 마음은 물론이고, 자기가 도움을 주는 사람이라는 생각, 베푼다는 생각의 교만이 있을 수 없고, 도움을 받는 사람의 자괴감이나 비굴함도 없는 제도적 선이기 때문이다. 제도화된 도덕이고 사회정의의 일환이기 때문이다. 현대 세계에서는 사랑과 정의는 동일하다. 정의는 많은 사람을 위한 사랑이다. 물론 정의는 공정성이라는 합리적 개념이기 때문에 따뜻한 사랑의 동기를 수반하면 더욱 힘을 얻는다. 정의를 무시하는 사랑은 한계가 있음은 물론이고 위선이나 일시적 감상이 되기 쉽다는 사실을 유념하자.

둘째, 한국 복음주의 신앙은 순수한 복음주의와는 전혀 무관한, 오히려 배치되는 신앙에 젖어 있다는 사실이다. 가령 물질적 축복을 가장 큰 복으로 간주하면서 기도하는 기복신앙이 대표적 예다. 복 자체가 나쁜 것이 아니다. 문제는 복음주의 신앙을 표방하면서도 실제로 구하는 것은 물질적 복이라고 생각하는 데 있다. 세상 사람들이 추구하는 지극히 세속적이고 세간적인 복이다 보니, 그런 신앙인들이 우리 사회에 넘친다 해도 사회가 조금도 달라지지 않을 것은 자명한 이치다.

셋째, 복음주의 신앙은 성서문자주의 신앙, 이른바 '근본주의' 신앙과는 무관한데도, 복음주의 신앙인들은 거의 예외 없이 성경 말씀을 일점일획도 바꿀 수 없다는 경직된 문자주의적인 이해를 고집하는 근본주의(fundamentalism) 신앙인들이다. 이러한 근본주의적 신앙과 사고가 그들의 사고를 마비시키고 관심의 폭을 비좁게 만드는 주범이라고 나는 생각한다.

넷째, 복음주의는 사회의식이나 역사의식이 전무하거나, 있다 해도 매우 약하다는 것은 부인하기 어려운 사실이다. 하지만 이것까지는 이해한다 해도, 정작 사회의식이나, 정치의식, 역사의식이 실제로 없는 것도 아니다. 오히려 미국이라는 나라를 중심으로 세계의 문제와 나라의 문제를 보고 있다는 것이 문제다. 따라서 세계 정치, 군사, 경제, 문화 등을 보는 편향된 역사의식, 정치의식이 매우 강하다는 점을 의식하지 못한다. 가령 최근에 태극기 집회에 모이는 사람들이 우리나라 복음주의 신앙을 대표한다고는 생각하지 않지만, 왜 거기서 미국 성조기를 손에 들고 흔드는지, 왜 이스라엘 국기까지 등장하는지 도무지 이해가 가지 않는다. 혹시 무의식적이지만, 천국과 미국을 동일시하는 것은 아닌지 묻고 싶다. 이러한 웃지 못할 사실이나 모순을 우리는 어떻게 이해해야 할까? 나는 역시, 그 근본 원인이 개

인윤리와 사회윤리의 차이에 대한 무지, 명확한 인식의 결핍—지도
자들이나 일반 신자들이나 마찬가지로—에 있다고 본다. 본래 복음
주의 신앙은 개인의 도덕적 비리나 죄에 대해서는 매우 비판적이지
만, 부조리하고 부도덕한 사회에 대한 비판이나 고발 의식은 약하다.
특히 구약성경에 나오는 예언자들의 날카로운 도덕적 사회 고발과
비판 정신은 찾아보기 어렵다.

죽음은 모든 것의 종말인가?

사후세계의 문제

인간이 생각해 낸 모든 사상이나 이념 가운데서 사후의 삶을 말하는 것은 오직 두 가지뿐이다. 하나는 그리스도교의 종말론적 신앙에 기초한 부활신앙이고, 다른 하나는 불교, 힌두교에서는 명확하게 그리고 플라톤 사상이나 자연주의적 세계관을 가진 동아시아 문화나 원시 종교들에서 다소 불명확하게 존재하는 윤회사상, 곧 다중인생(multiple life)론이다. 만약 종교가 사후 세계에 대한 소망을 말하지 않고 현세의 문제만을 말한다면, 사람들은 그런 종교를 외면하게 될 것이다. 종교의 필수 임무 가운데 하나는 사람들을 죽음의 두려움과 공포로부터 해방시키는 일이다. 적어도 죽음이 인생의 모든 의미를 앗아가고 인생 자체가 허무한 것이라는 생각을 극복하지 못하고 궁극적으로 의미 있는 삶을 살도록 동기를 유발하지 못하는 종교는 심각한 결함이 있는 종교라고 보아야 한다.

많은 사람이 잘 인식하지 못하지만, 종말론은 그리스도교의 본령이고 핵심이다. 그리스도교는 하느님 나라(the Kingdom of God)의 도래가 임박했다는 예수의 종말 의식과 선언으로 출발했다. '종말'이라고 하면 사람들은 아마겟돈 같은 지옥의 끔찍한 장면을 연상하지만, 사실은 그리스도교의 종말 신앙은 희망의 메시지다. 예수가 전한 종말의 메시지는 억압과 착취로 얼룩진 인간의 역사가 종말을 고하고 하느님이 친히 다스리는 정의와 사랑의 왕국이 곧 온다는, 따라서 새로운 세상이 도래한다는 기대와 희망의 메시지였다. 예수는 이러한 메시지를 그의 말과 가르침으로만 선포한 것이 아니라, 행위와 삶으로 보여주었다. 하느님의 나라는 예수의 삶 전체를 사로잡았고, 그의 궁극적 관심이나 다름없었다. 사람들은 그의 말씀에서 하느님의 음성을 들었고, 그의 능력과 행위에서 하느님 자신의 능력과 행위를 실감했다. 또 조건 없는 용서와 사랑의 말씀과 행위에서 사랑과 용서의 하느님 자신의 모습을 보았다. 사람들은 그래서 그를 '하느님의 아들'이라고 부른 것이다. 그들이 고대하던 메시아(그리스도)라고 여겼다. 하지만 하느님의 나라라는 새로운 세계의 모습을 지상에서 앞당겨 보여주려 했던 그의 과격하고 파격적인 말과 행동은 당시 종교 권력과 정치 세력의 미움을 사게 되었고, 그는 중한 범죄자들이나 국사범 같은 사람들이나 받는 십자가의 형벌을 받고 짧은 비극적 삶을 마감했다. 그러나 의로우신 하느님은 그의 억울한 죽음을 외면하지 않고 그를 죽음에서 건져 하느님의 영원한 생명으로 옮겨주셨다는 부활 신앙을 낳았다. 부활신앙은 비단 그리스도교만의 신앙이 아니라 이슬람과 유대교, 즉 삼대 유일신신앙의 종교들이 공유하는 신앙이다. 세계 인구의 거의 절반에 육박하는 30억 신자들의 신앙이라는 점에서, 부활에 대한 정확한 이해는 개인적 신앙을 떠나 필수적이다. 다소 긴 논의가 되겠지만, 먼저 그리스도교의 부활(resurrection) 신앙에 대해 살펴본다.

부활 신앙의 중요성에 대해서 모두가 알아야 할 점은 그리스도교가 철저히 종말론적 신앙을 배경으로 출현했다는 사실이다. 이 종말론적 신앙의 핵심은 부활 신앙이다. 만약 부활 신앙이 없었다면, 예수라는 존재나 그에 관한 이야기들은 기억되지도 않았을 것이고 후세로 전해지지도 않았을 것이다. 따라서 그리스도교라는 교회나 종교 자체가 생겨나지도 않았을 것이 확실하다. '부활 신앙'에 대한 간접적이지만 강력한 증거는 예수의 십자가 처형 이후 그를 따르던 제자들이 스승의 처절한 죽음을 보고 무서워서 뿔뿔이 흩어지고 도망갔다가 다시 모임으로서 교회라는 신앙 공동체를 형성하게 되었다는 사실이다.

　　내가 단순히 '부활'이라고 하지 않고 '부활 신앙'이라는 말을 사용했다는 사실에 주목할 필요가 있다. 교회라는 공동체의 출현은 부활 신앙이 없었다면 가능하지도 않았다는 말이다. 하지만 우리는 묻게 된다. 그렇다면 부활이라는 모종의 '사건'이 없이 부활 '신앙'이라는 것이 과연 생길 수 있었을까? 이런 가능성에 대해 심리적 해석을 하는 견해가 있다. 일부 신학자들을 포함해서 부활을 제자들의 마음속에 일어난 변화, 말하자면 심적 변화로 보는 견해다. 부활 이야기들은 예수를 따르던 제자들과 여인들이 스승을 잊지 못하고 그리워하다가 꾸며낸 이야기들, 혹은 집단적 환상의 산물로 보는 견해다. 하지만 나는 이러한 생각은 상식에 반한다고 본다. 누가 자기들이 꾸며낸 이야기에 도취해서 목숨을 걸고 부활의 소식을 전하면서 온갖 고난을 무릅쓰고 돌아다니면서 살았겠는가? 여하튼 나는 오늘의 강의에서 누구도 직접 목격한 일이 없었던 부활 사건에 대해 —가령 누가 UFO를 보았다고 주장한다 해서 그것이 객관적 사실이라고 주장할 수 없듯이— 논할 생각은 없고, 논할 수도 없다. 다만, 부활 신앙이 존재했다는 사실만은 분명하다. 부활 신앙 없이는 그리스도교라는 교회와 종교가 존재하지도 않았을 것임은 확실하다고 생각하기 때문이다.

부활 신앙에 대한 바른 이해를 위해서는 우리는 부활이 죽었던 사람이 일시적으로 되살아나는 소생(resuscitation)과는 다르다는 점을 알아야 한다. 부활은 죽었던 육체의 일시적 소생이 아니라, 하느님의 능력에 의한 주어지는 영원한 생명(eternal life)을 의미한다. 다음으로, 우리는 그리스도교 신앙이 믿는 영생은 그리스 사상, 특히 플라톤주의에서 말하는 영혼(psyche)의 불멸성(immortality of the soul) 개념과는 무관하다는 사실이다. 영생은 인간에 속한 어떤 속성이 아니라, 하느님의 능력의 선물이고 은총이라는 것이다.

부활 신앙에 대한 가장 오래된 증언을 담고 있는 문헌인 신약성서 〈고린도전서〉 15장에 있는 바울 사도의 증언에 따르면, 부활하는 몸은 지상의 삶을 살았던 썩어 없어질 몸, 즉 물리적인 몸(physical body, *soma physikon*)이 아니라, 하느님의 영(pneuma)으로 변화된 영의 몸(*soma pneumatikon*)이다. 여기서 '영'이라는 말은 하느님의 영, 곧 바울이 그리스도의 영, '부활의 영'이라고도 부르는 영을 가리키는 말이 아니고, 물질(matter)에 대비되는 영(spirit)의 개념이 아님을 우리는 분명히 알아야만 한다.

부활 신앙에 대해 또 하나 주목할 사항은 부활 신앙은 아무런 역사적 배경 없이 느닷없이 발생한 것이 아니라는 사실이다. 부활 신앙은 절망에 빠져 있던 이스라엘 백성이 하느님의 나라가 도래하기를 고대하고 있던 민족적 소망과 기대의 분위기를 배경으로 해서 탄생했다. 예수 자신도 부활 신앙을 가지고 있었고, 복음서에 종종 부정적으로 그려진 바리사이파 사람들도 부활 신앙을 가지고 있었다. 예수의 부활은 이러한 만인의 부활과 불의한 역사의 심판을 믿는 종말론적 기대와 희망이 곧 이루어진다는 신호탄과 같은 사건이었다. 고대하던 하느님의 나라가 마침내 이루어지기 시작했다는 결정적인 증거, 새로운 시대와 더불어 새로운 세계가 열리기 시작했다는 복음, 즉 기쁜 소식과 그 신호탄으로 여겨졌다. 따라서 초기 그리스도교 신자들은 고난과 박해 속에서도 기쁨과 승리감 속에서 고난을 견디며 살 수 있었다. 부활은 단순히 하나의 우발적 사건이나 느닷없이 일어난 사건이 아니라, 예수 당시 이스라엘 사람들 가운데 널리 퍼져 있던 종말론적 신앙과 기대 속에서 발생한 사건이었다. 예수의 부활은 이스라엘 민중의 종말론적 기대와 희망이 팽배하던 사회적 분위기와 정치적 상황 속에서 일어난 사건이었다. 이러한 역사적 배경, 즉 민중의 종말론적 신앙의 희망을 도외시하고는 부활 신앙에 대한 바른 이해를 할 수 없다.

　나는 부활을 '사건'이라고 했지만, 부활 사건 자체가 구체적으로 어떻게 일어났는지는 누구도 모른다. 예수의 부활을 직접 목격한 사람은 아무도 없다. 다만 부활 '신앙'이 없었다면, 예수가 전개했던 하느님의 나라 운동과 그 자신도 잊힌 존재가 되었을 가능성이 매우 크다. 부활 신앙이 없었다면 예수의 하늘 아버지에 대한 신앙과 하느님 나라 운동은 허망하게 끝나 버렸을 것이고, 예수가 벌인 하느님 나라 운동을 계승하는 교회도 출현하지 못했을 것이라는 데는 이의가 있을 수 없다. 하지만 나는 예수의 부활을 스승을 간절히 사모하던 제자들의 마음속에 일어난 심적 변화나 환상에 돌리는 심리적 설명에는 동의하지 않는다. 부활 신앙이 일종의 집단 환상이나 희망사항뿐이라면, 2천 년 전통을 가진 그리스도교가 이런 집단 환상에 기초하는 것이라는 말인데, 이러한 생각은 상식에 반한다고 생각된다.

부활에 대한 이런 식의 심리적 해석 말고, 이와 유사하지만 상당한 차이가 있는 또 한 가지 견해가 있다. 사후에 예수의 몸에 일어난 사건이 무엇이든, 부활은 지금 여기서 우리가 경험하는 영적 경험이라는 생각이다. 영생은 말하자면 우리가 그리스도의 영(pneuma, spirit)—바울 사도가 '부활의 영'이라고도 부르는—으로 새로워진 삶 자체라는 것이다. 〈요한복음〉에 나오는 니고데모의 이야기처럼 성령으로 거듭난 삶이다. 바울 사도가 부활한 몸이 '영의 몸'이라고 말했을 경우와 유사하게, 이때의 '영'은 프뉴마(pneuma)라는 그리스어를 뜻이지 결코 물질(matter)과 대비되는 영(spirit)이 아니라는 사실에 우리는 반드시 주목할 필요가 있다. 우리는 인간은 몸과 마음(body and mind) 또는 육체와 영혼(body and soul)이라는 두 가지 실체로 되어 있다는 데카르트적 이원론의 시각에서 부활을 이해해서는 결코 안 된다는 말이다.

부활은 '사후'라는 어떤 불확실한 미래에 일어날 하나의 '시간적 사건'이 아니라, 종말의 메시지, 하느님 나라의 기쁜소식을 선포하고 몸으로 사신 예수를 만난 그의 제자들과 여인들이 경험한 삶의 질적 변화다. 종말 역시 언제인지 모를 훗날 '언젠가' 일어날 사건이 아니라 종말의 예언자를 만나 인생에 대한 새로운 비전을 가지고 새로운 삶을 살게된 제자들의 삶 자체가 이미 종말이다. 영생 또한 사후에만 누리는 축복만이 아니라 '지금 여기서' 예수를 만남으로 인해 변화된 새로운 삶 자체가 곧 영생을 누리는 삶이다. 나는 개인적으로 이러한 부활 이해와 영생과 종말에 대한 이러한 이해를 따른다.

이러한 이해에서는 우리가 부활과 영생 그리고 종말을 어떤 미래에 일어날 시간적 사건으로 집착할 필요가 없다. 이러한 이해는 기독교 신학자들 가운데 종종 회자되는 '실현된 종말론'(realized eschatology)의 한 형태일 수도 있다. 하지만 그 내용은 종말 신앙을 가지고 살다간 예수라는 인물에 대한 최근의 새로운 연구 성과와 이해에 근거하고 있다. 부활과 영생과 종말에 대한 시간적 이해를 넘어 초시간적인 영원으로 보는 이해다. 이러한 이해에서는 부활이나 종말이 '사건 아닌 사건'이고, 영생 또한 사후 미래에 주어질 시간적 사건이기보다는 언제 어디서나 주어질 수 있는 삶이다. 종말과 영생은 예수를 흠모하고 따르던 제자들 그리고 우리도 종말의 예언자 예수를 만나 바울 사도의 말처럼 '내 안의 그리스도'를 모시고 사는 영적 삶 속에서 이미 이루어지고 경험될 수 있는 것이다. 여기서 '영적'이란 표현은 물론 정신(독일어 Geist)이나 마음(mind) 같은 것을 뜻하는 말이 아니라, 바울 사도가 말하는 하느님의 거룩한 영, 그리스도의 영, 부활의 영, 즉 성령의 영(*pneuma*)을 뜻한다.

사실, 부활에 대한 이러한 영적 이해를 우리는 '내 안의 그리스도'라는 바울 사도의 말 대로, 하나의 성령론적 부활 이해라고도 할 수 있다. 바울은 말하기를, 누구든 그리스도의 영이 없는 사람은 그리스도의 사람이 아니라고 확언한다(롬 8:8-9). 부활이라는 종말론적 사건은 우리가 지금 여기서 '이미' 새로운 존재(new being)로 변화를 받아 사는 영적 부활(spiritual resurrection)의 새로운 삶이다. 종말은 종말의 예언자 예수와의 만남 자체가 이미 옛 삶이 끝났고 새로운 삶의 시작되었음을 뜻한다. 낡고 부패한 '겉사람'은 죽고 '속사람'으로 거듭난 자들이 누리는 영적 삶이다. 낡은 자아, 사회적 자아, 시간 속에서 점차 사라져가는 자아는 날마다 죽고 날마다 새롭게 태어나는 새로운 존재(new being), 속사람의 삶이다. 자기를 비우고 또 비움으로써 내 안에 그리스도의 영, 부활의 영을 모시고 사는 삶, '내 안의 그리스도'(Christ in me)가 나의 삶을 주도하는 새로운 삶이고 영생이다. 바울 사도의 고백대로. "우리의 겉 사람은 죽고 속사람은 날로 새로워진다", "이제는 내가 사는 것이 아니라 내 안의 그리스도가 산다"는 것이다.

아마도 부활에 대한 이러한 영적 이해가 오늘날 성경의 문자주의적 이해를 거부하는 많은 진보적 성향의 현대 신학자들이 가지고 있는 부활과 영생에 대한 이해가 아닐까 생각한다. 나 자신도 개인적으로 이러한 이해를 따르고 있다.

이런 시각에서 보면, 부활은 하느님의 세계 창조에 비견할 만하다. 부활을 우리는 새로운 창조(new creation)에 준해서 이해해야만 한다. 첫 번째 창조가 시간 안에서 이루어진 하나의 '시간적 사건'이 아니듯, 부활도 하나의 시간적 사건이 아니다. 창조가 하느님의 영원과 시간과 역사의 세계가 만나는 '사건 아닌 사건'이듯이 —성 아우구스티누스는 하느님이 세계를 시간 속에서(in time) 창조하신 것이 아니라 시간과 함께(with time) 창조하셨다고 말한다(not in time but with time)—, 창조는 우리가 경험하는 여느 사건들처럼 시간 안에서 발생한 하나의 시간적 사건(a temporal event)이 아니다. 하느님은 시간 자체도 창조하셨다는 것이다. 따라서 창조는 '사건 아닌 사건' 즉 매우 특이한 사건이라고 할 수 있다. 마찬가지로 부활 또한 여느 시간적 사건들 가운데 하나가 아니라, '사건 아닌 사건', 즉 시간의 종말을 알리는 종말론적 사건이라는 점을 우리는 염두에 두어야 한다. 부활은 하느님의 영원의 시작과 시간과 역사의 끝이 맞닿은 시점에서 일어나는 매우 특이한 '사건 아닌 사건'이라는 것이다. 단순히 '또 하나의 기적적인 시간적'(temporal event)이 아니라는 말이다.

종말의 예언자 예수와의 만남 자체가 이미 옛 삶이 끝나고 새로운 삶이 시작되었다는 종말과 영생을 뜻한다. 낡고 부패한 '겉사람'은 죽고 '속사람'으로 거듭난 자들이 누리는 영적 삶이다. 낡은 자아, 사회적 자아, 시간 속에서 점차 사라져가는 자아가 날마다 죽고 날마다 새롭게 태어나는 새로운 존재(new being), 속사람의 삶이다. 자기를 비우고 또 비움으로써 내 안에 그리스도의 영, 부활의 영을 모시고 사는 삶, '내 안의 그리스도'(Christ in me)가 삶을 주도하는 새로운 삶이며 영생이다, 바울 사도의 고백대로. "우리의 겉 사람은 죽고 속사람은 날로 새로워진다", "이제는 내가 사는 것이 아니라 내 안의 그리스도가 산다"는 것이다. 여기서 '영적'이라는 말은 물론 정신(독일어 Geist, 영어의 spirit)이나 마음(mind) 같은 것을 뜻하는 말이 아니라, 바울 사도가 말하는 하느님의 거룩한 영, 그리스도의 영, 부활의 영, 즉 성령의 영(*pneuma*)을 뜻한다.[5)]

아마도 부활에 대한 이러한 영적 이해가 오늘날 많은 진보적 성향의 현대 신학자들이 가지고 있는 부활과 영생에 대한 이해가 아닐까 한다. 나 자신도 이러한 종말, 부활, 영생에 대한 이해를 따른다. 부활과 영생은 예수의 삶과 가르침을 만남으로 인해 초래된 새로운 삶, '하느님의 영', '그리스도의 영', '부활의 영'으로 변화된 삶이다. 예수와의 대면이 곧 부활이라는 새로운 존재의 새로운 삶이다. 종말, 부활 그리고 영생은 예수를 만나 변화된 삶을 사는 제자들이나 여인들의 삶에서 이미 현실화된 것이고 그들이 경험한 새로운 삶 자체다. 그들은 스승의 삶과 사역이 허무하게 죽음으로 끝나지 않았고 영원하신 아버지의 품에 안겨 영생을 누리고 계시는 "살아계신 주님"이라고 믿었다. 이러한 믿음을 바탕으로 그들은 고난 속에서도 날마다 승리하는 기쁨의 삶을 살 수 있었다.

유감스럽게도 오늘날 한국 신흥종교들은 기독교의 종말론과 재림 신앙의 영향을 크게 받았지만, 예수가 어느 특정한 때에 세상에 다시

---

5) 성령에 대한 우리의 파격적인 이해는 후에 더 거론할 기회가 있을 것이다.

오신다는 재림 신앙과 함께 '시한부 종말론'에 매달리고 있다. 예수의 첫째 오심 자체가 이미 종말의 의미를 지닌 것임을 무시한다. 아니, 아예 모른다. 예수가 지상에서 사람들과 함께 했던 삶과 가르침을 이해하지 못하고, 인간 예수와의 만남 자체가 부활이고 영생이라는 생각이 없는 것 같다. 그러나 보니 시한부 종말론에 매달리는 게 아닌가 하는 생각이 든다.

이런 부활과 영생 이해를 가진다면, 우리는 굳이 복음서에 나오는 구체적 사건들로 된 이런저런 부활 이야기들이 ―가령 예수의 몸이 사라졌다는 빈 무덤야기라든지― 누군가가 꾸며냈을 가능성도 부정하거나 배제할 필요가 없다. '내 안의 그리스도'에 대한 믿음이 약한 사람들, 영적 부활에 대한 확신이 약한 사람들을 위해서 누군가가 꾸며낸 이야기일 수도 있기 때문이다.

"나를 믿는 사람은 죽어도 살고, 살아서 믿는 사람은 영원히 죽지 않을 것이다"라는 예수의 수수께기 같은 말의 의미를 나는 이렇게 이해한다. "죽어도 산다"는 말은 몸의 부활을 가리키는 말이고, "살아서 믿는 사람은 영원히 죽지 않을 것이다"는 말은 현세에서 그리스도의 영으로 부활한 사람, 거듭난 사람이 누리는 영적 부활을 가리키는 말이 아닐까? 둘 다 귀한 신앙의 진리지만, 누가 나에게 굳이 하나를 선택하라고 하면, 나는 후자를 선택할 것이다. 일단 지금 여기서 그리스도를 모시고 사는 사람, 내 안에 그리스도를 모시고 사는 사람, 지금 여기서 부활의 영으로 사는 사람에게는 사후에 주어지는 몸의 부활이나 영생은 부차적 문제일 수밖에 없다고 보기 때문이다.

하지만 우리는 다른 한 편으로 바울의 서신 〈고린도전서〉 15장에 나오는 부활에 대한 증언과 해석도 조심스럽고 진지하게 생각해야 한다. 바울은 기도를 통해 하느님과 깊은 대화를 많이 한 분이고 진정한 하느님의 친구였다는 단순한 믿음과 신뢰 때문이다. 바울은 '내 안에 그리스도를 모시고 산 사람'이었기에, 우리가 모르는 진리를 알 것이라는 단순한 믿음도 있다. 특히 부활한 몸을 영(*pneuma*, 하느님의 영, 그리스도의 영)의 몸, 영으로 변화된 영광스러운 몸(glorified body)으로 보는 바울의 통찰을 나는 진지하게 대한다. 여하튼 나는 몸의 부활을 경시하지 않는다. 나는 영생이 현세와 너무 닮아도 문제지만, 너무 달라도 억울하게 현세를 살다간 사람의 한을 풀기는 부족하다고 본다. 많은 사람이 윤회에 관심을 가지는 것도 바로 이 때문이 아닐까 생각한다. 완전한 정의가 이루어진 세상을 보려면, 그래서 억울하게 살다가 무수한 사람들의 한을 풀어주고 진정한 복권이 이루어지려면, '가해자가 피해자에게 영원히 승리하는 일이 없으려면'(독일 철학자 호르크하이머Horkheimer의 말로 잘 알려져 있지만, 본래 발터 벤야민Walter Benjamind의 말), 영적 부활만으로는 부족하다는 생각이 들기도 한다. 또 평생 예수를 믿고 산 사람이, 천국에서 예수님의 몸과 얼굴을 한 번이라도 보아야 할 것 아닌가 하는 생각도 든다.

윤회사상이 말하는 대로 또 하나의 삶이 있어야 하는 생각에서 위로를 찾는 사람도 많다. 영적 부활과 영생이 인간의 운명과 역사에 대한 최종적 결론이라면, 도대체 하느님은 왜 우리로 하여금 이 말도 많고 탈도 많은 지상의 삶, 즉 몸을 가지고 사는 이 현세를 살게 했는지 의문이 든다. 부활 신앙은 신앙인들이 보기에 아무런 탈출구도 보이지 않는 암울하고 절망적인 역사적 상황에서 보는 한 줄기 빛이다. 유례없는 역사의 위기 속에서, 세계를 창조하고 사랑하고 섭리하는 하느님을 믿는 신앙이 주는 마지막 희망의 밧줄과도 같이 붙잡고 의지하는 신앙이다. 하느님은 인간의 역사가 아무리 암울하고 절망적이라도, 부조리한 강대국 위주의 세상 질서나 체제가 너무나 강고해서 꿈쩍도 하지 않을 것 같다는 절망감이 지배할 때, 하느님만이 희망의 빛을 비추어 주시고 뜻하지 않는 탈출구를 열어주신다는 마지막 희망을 주는 것이 종말론적 신앙이다. 우리 인간은 포기할 수밖에 없고 더 이상 다른 선택이 없지만, 하느님은 자신이 창조하고 섭리하는 세계를 절대 포기하지 않을 것이고, 역사의 마지막 발언권이 결코 인간을 버리지 않는 의로운 하느님의 것이라는 믿음이다.

　우리는 이러한 종말론적 신앙을 개인의 종말(죽음)과 지구의 종말(멸망)로 대별해서 생각해볼 수 있다. 우리가 살고 있는 한반도를 비롯한 세계는 언제든 끔찍한 핵전쟁의 비극이 덮칠 수 있는 위험을 안고 있다. 환경 생태계의 위기는 점점 더 명확해지고 있다. 지구 자체가 더 이상 인간과 여타 생명들이 안전하게 살 수 있는 터전이 되지 못할 곳이 될 것이라는 위기감이 팽배해지고 있다. 지구 온난화(Co2, 탄산가스 배출량의 증가로)로 인해 북극의 눈과 빙하가 녹는 속도는 점점 가속화되면서, 해수면의 상승으로 인해 강가나 바닷가에 면한 도시들이 머지않아 물속에 잠길 것이라는 경고음이 들린다. 전대미문의 기후변화로 초래되는 지구 자체의 존속이 문제시되는 시대를 우리는 살고 있다. 지난 수백 년, 아니 수억 수천만 년 동안 언제 우리가 이런 말도 안 되는 걱정을 해야 하는 때 있었을까 하는 생각이 든다. 하지만 지금은 이런 걱정이 머지않아 바로 우리 눈앞에서 현실화될 것이 확실한 시대를 우리는 살고 있다. 이러한 현대문명이 처한 전대미문의 위기는 종말론적 신앙에 현실성을 더해주고 있다. 현대인들은 유례없는 물질 문명의 혜택을 누리면서 산업사회의 소비문화를 즐기고 있지만, 머지않아 이 파티가 종말을 고할 것이라는 사실을 빤히 알고 있다.

잠시 상상해 보자. 중국이나 인도의 수십억 인구가 우리나라 사람들의 소비 수준에 이르게 되면 —이미 현실화되고 있지만— 지구가 겪을 환경 생태계는 몸살 정도가 아니라 문자 그대로 모든 생명이 숨을 쉬고 살 수 없게 되는 곳으로 변할 것은 불을 보듯 뻔하다. 현대인들은 파국을 향해 미친 듯 치닫고 있는 열차를 계속 타고 달리지도 못하고 뛰어내리지도 못하는 딜레마에 처해 있다. 그러면서도 어떻게 되겠지 하는 막연한 생각으로 일시적 '번영'과 쾌락과 즐거움에 취해 산다. 어떤 사람은 우리 모두 화성으로 이민을 가면 되지 않겠는가 상상할지도 모른다. 진지하게 그런 가능성을 말하는 사람도 있기는 하다. 나는 그런 사람들에게, 지구를 더럽히다 못해 이제는 우주마저 오염시키려 드는가 하고 묻고 싶은 마음이 굴뚝같다. 거기서 또 땅 따먹기 하고 싸우려고?

그리스도교의 부활 신앙과 더불어 죽음이 인간의 최종 운명이 아니라는 믿음, 특히 우리가 지상에서 가지고 살았던 형태의 몸이 있는 또 다른 형태의 삶을 경험하게 될 것이라고 믿고 가르치는 사상은 그리스도교의 부활 신앙 말고는 윤회사상밖에 없다. 서양에서 다중 인생론이라고도 불리는데, 수많은 동서양 사람들에게 죽음의 공포를 완화해주는 인생관이다. 윤회에 대한 대중적 이해는 정확하지 않은 면이 있다. 영혼(마음, cit)의 실체성을 부정하는 불교 사상은 윤회사상과 모순이라고 생각하는 사람이 있는데, 이는 불교 윤회설의 특성을 잘 모르는 데서 오는 오해다. 붓다의 가르침에는 여러 형태의 중도설이 있는데, 그중 하나는 유와 무(有無) 중도설이다. 인간 존재는 죽음과 더불어 영원히 사라지는 무(絶滅)가 아니고, 그렇다고 죽음 이후에 영원히 존속할 수 있는 유(永續)도 아니라는 중도 사상이다. 인간은 자기가 살면서 지은 업(karma, 의도성을 지닌 행위)에 상응하는 결과를 받게 되어 있기 때문에 그리고 업의 결과는 영원하지 않고 제한적이기 때문에, 사후의 영생(everlasting life, 영생)이나 영벌은 없다. 설령 누군가가 스스로 목숨을 끊는다해도, 업보를 받게 마련이기에 삶은 형태를 달리하면서 지속된다. 윤회설에 따르면, 삶의 반대는 죽음(life vs. death)이 아니라 형태를 달리한 삶의 연속이다. 불교의 가르침에 따르면, 삶은 해탈이 있기까지는 끝없이 반복되는 '나고 죽음'(birth and death)이 계속일 뿐이다. 인생은 이러한 업과 업보의 끊임없는 악순환이다. 무지와 욕망과 업을 짓는 삶이 완전히 끝나는 해탈이 이루어지기까지 인생은 시냇물의 흐름(saṃtāna)처럼 계속해서 흐르는 과정이다. 따라서 불교에서는 열반(nirvana)이 최종 목표이며, 윤회는 과정에 불과하다. 붓다 자신도 과거세(世)에 지은 업보로 인해 인간의 몸으로 태어나 현세를 살다 가셨지만, 현세에서는 더 이상 업을 짓지 않는 무욕의 삶을 산 성자(arahan, 阿羅漢)였기에, 사후에는 윤회의 사슬을 완전히 벗어나(moksa, 解脫) 반열반(般涅槃, parinirvāna)에 드셨다고 한다. 그렇다고 우리는 붓다가 열반에서 '영생'을 '누린다'고 생각해서는 안 된다. 해탈한 자에게는 적어도 열반의 행복을 누리는 붓다라는 '개인적 자아'는 더 이상 존재하지 않기 때문이다. 붓다 자신이 무아(無我, anatman)의 진리를 제시했다. 그렇다고 사후 열반이 완전한 허무라는 말도 아니다. 열반은 함부로 유나 무로 규정할 수 있는 세계가 아니기 때문이다. 전문술어로 열반은 업의 결과로 얻는 조건적인 유위법(有爲法, samskrta-dharma)이 아니라 무위법(無爲法, asamskrta-dharma)이기 때문이다.

이러한 불교 인생관은 사후 심판에 따라 인간의 운명이 영벌과 영생으로 갈라진다는 전통적인 그리스도교 인생관과 판이하게 차이가 있다. 그리스도교 신자들 가운데서도 비록 교회의 정식 교리나 가르침은 아니라 해도, 그리스도교의 전통적인 인생관이 지나치게 가혹하고 불공정(unfair)하다는 생각 때문인지, 개인적으로 윤회를 믿는 사람도 적지 않다. 다중인생관이 지닌 매력 가운데 하나는, 개인들이 인생에서 경험하게 되는 어쩔 수 없는 운명을 평온한 마음으로 받아들이게 하는 동시에, 다음 생에 또 다른 기회가 주어진다는 희망을 준다는 것이다. 나는 이것을 약간의 농담을 섞어 인생의 '패자부활전'이 있는 인생관이라고 말한 적이 있다.

그리스도교의 최후 심판과 부활 신앙이 완전한 정의에 대한 우리의 기대를 전지전능한 하느님의 미래에 몽땅 거는 문제가 있다면, 자업자득을 믿고 인생을 무수한 전생과 내세로까지 확대하는 윤회사상에 따르면, 인생의 도덕적 부조리는 아예 존재하지도 않고 인생의 도덕적 질서는 언제나 완벽하고 공정하고 정의롭다. "참이라고 믿기에는 너무나 좋다"(too good to be true)는 것이 오히려 문제다. 자업자득을 믿는 윤회설에 따르면, 세상에 벌어지는 모든 일이 정당하다. 내가 겪는 모든 일이 오직 나의 탓이다. 모든 것이 하느님의 뜻이고 하늘의 뜻이라는 운명론과 유사하지만, 미래는 항시 열려 있다. 내가 이생에서 하기 여하에 따라 삶의 발전과 희망을 가질 수 있다는 장점이 있다. 다만 전생과 내세에 걸친 인격의 연속성과 발전이 있으려면, 현세를 살았던 잘잘못에 대한 구체적 기억이 있어야 할 터인데, 부처님을 전생을 기억한다고 하지만(宿命通이라고 부른다), 아무래도 이것은 일반인들에게는 불가능한 일이다.

여하튼 윤회는 열반이 아니고, 열반은 윤회의 종식이라는 점에서, 기독교 종말론적 신앙이 추구하는 구원과는 다르다. 예수는 하늘의 천국도 믿었지만, 천국이 이 땅 위에서, 시간과 역사 속에서 이루어진다는 믿음도 가지고 있었다. 그는 "뜻이 하늘에서 이루어지듯이, 땅에서도 이루어지기를" 기도하라고 가르쳤다. 기독교 신앙이 바라는 천국은 하느님의 미래(미래에서 현재로 임하는 advent)로서, 불교의 열반과는 달리 시간과 역사의 종말, 즉 시간 아닌 시간, 역사를 넘어서는 역사라고 말할 수 있다. 하지만, 생사가 곧 열반이고 열반이 곧 생사라는 대승불교의 통찰에 따르면(空, 唯識, 佛性 사상 등), 생사와 열반은 두 개의 세계가 아니라 하나의 세계를 우리가 어떤 눈으로 보는가에 달렸다. 이에 따라 생사의 세계, 시간과 역사의 세계를 보다 긍정적인 시각으로 볼 수도 있지만, 이에 대한 논의는 이번 강의에서는 시간관계상 피한다.

윤회사상은 본래 힌두교 사상이지만 지금은 불교와 공유하는 믿음이다. 어떤 사람은 윤회가 불교의 사상이 아니라고 터무니없이 잘못된 견해를 가지는 사람도 있다. 도대체 누가 이런 말도 안 되는 생각을 퍼트렸는지 모르지만, 분명히 말하지만 이것은 결코 사실이 아니다. 윤회설은 힌두교와 불교가 공유하는 믿음이다.

힌두교의 윤회사상도 흔히 이해하듯이 단순하지 않다. 윤회의 주체는 어디까지나 업의 결과로 형성된(혹은 남은) 몸과 마음으로 구성된 개인아(jiva-ātman, individual self, individual person, 細身, suksma-sarira)다. 번뇌와 집착의 대상인 자아이지, 모든 인간에 공통된 영적 자아, 영원한 자아(Ātman)가 아니다, 인간 모두의 보편적 자아(universal self)이자 우주 만물의 정수이고, 신(Brahman)과 하나인 신적 자아(divine self), 즉 진아(眞我)는 결코 윤회의 주체가 아니다. 이러한 영원한 자아를 명시적으로 인정한다는 점에서 힌두교는 불교의 무아설이나 '무신론'과 다르다. 하지만 열반의 완전한 해탈을 추구하고 세계와 인생에 도덕적 인과응보의 완벽한 법칙과 질서가 존재한다고 믿는 점에서는 불교와 마찬가지다. 불교는 힌두교의 윤회설을 전제로 해서 출발한 종교다.

여하튼 힌두교를 무신론적 종교라고 주장하는 사람은 없다. 세계와 인생의 완벽한 도덕적 질서를 믿는 불교, 더군다나 인간의 본성이 본래 부처님의 마음과 조금도 다름이 없고 모든 중생이 불성(佛性)이 있다는(一切衆生悉有佛性) 대승불교 사상이 과연 무신론적 종교인지는 여전히 많은 논란의 대상이다. 심지어 소승불교의 가르침에서도 부처님은 무아(무아, anatman)보다는 비아, 즉 윤회를 거듭하는 인간 존재를 구성하는 오온(五蘊)이 모두 무상하고 괴로운 것이기에 인간의 참 자아가 아니라는 가르침이라는 해석도 가능하다. 사실 부처님은 경전 어디서도 참 자아(眞我)의 존재를 명시적으로 부정한 일이 없다. 이러한 관점에서는 부처님의 '무아설'은 '비아설'이 되며, 〈우파니샤드〉를 비롯한 힌두교의 아트만 사상과 어긋나지 않는다. 아마도 대승불교가 결국 여래사상과 불성사상을 말하는 것도 이 점과 무관하지는 않을 것이라는 것이 나의 불교학적 관점이다.

이상으로 〈종교10강〉의 마지막 강의, 열 번째 강의를 마친다. 그동안 강의를 경청해주신 모든 분께 감사드린다.